Andrea Behnke

# Wer ist eigentlich Angela Merkel?

Leben
Werk
Wirkung

Ernst Klett Sprachen
Stuttgart

Die Lösungen zu den Übungen zum Leseverstehen gibt es in der Klett-Augmented-App oder zum Download auf www.klett-sprachen.de/wer-ist-eigentlich.

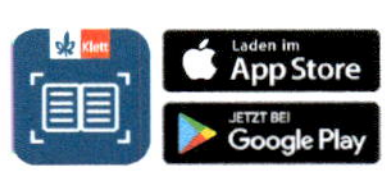

Klett-Augmented-App kostenlos downloaden und öffnen | Seite mit **diesem Symbol** scannen | Medien laden, direkt nutzen oder speichern



**Hinweis zur Aktualität:**
Die Inhalte dieses Buches wurden sorgfältig recherchiert und decken den Zeitraum bis zum Redaktionsschluss Ende 2020 ab.

1. Auflage 1 5 4 3 2 1 | 2025 24 23 22 21


www.klett-sprachen.de

Autorin: Andrea Behnke
Redaktion: Benjamin Linhart
Reihenkonzept: Benjamin Linhart
Layoutkonzeption: Sabine Kaufmann
Satz: DOPPELPUNKT, Stuttgart
Umschlaggestaltung: Sabine Kaufmann
Titelbild: Ulrich Baumgarten© picture-alliance / Ulrich Baumgarten / Klett Sprachen: Ausschnitt / Hintergrundfarbe
Druck und Bindung: Elanders GmbH, Waiblingen

Printed in Germany

ISBN 978-3-12-674221-4

# Inhalt


## Angela Merkel 5

Das Kind 5
Zeit des Lernens 8
Einstieg in die Politik 10
Die Ministerin 12
Der Aufstieg in der Partei 15
Die Kanzlerin 17
Das Ende der Kanzlerin 20
Angela Merkel – privat 23

Übungen zum Leseverstehen 24

## Die Kanzlerin der Krisen 29

Die Finanzkrise 29
Die Eurokrise 32
Die Klimakanzlerin 34
Flüchtlingspolitik 38
Die Corona-Pandemie 42

Übungen zum Leseverstehen 46

## Frauen in Deutschland 51

Frauen in der Politik 51
Frauen und Arbeit 54
Frauen als Chefin 61
Von der Förderung der Frauen zur Vielfalt 67

Übungen zum Leseverstehen 68

# Angela Merkel

## Das Kind

17. Juli 1954: Theodor Heuss wird zum Bundespräsidenten gewählt. Am gleichen Tag wird Angela Merkel in Hamburg, im Westen Deutschlands, geboren. Vielleicht ist das ein Zeichen.
Damals heißt sie Angela Dorothea Kasner. Ihre Eltern sind Horst und Herlind Kasner. Der Vater hat Theologie[1] studiert und die Mutter Englisch und Latein. Sie will Lehrerin werden.
Der Großvater von Angela Merkel (der Vater ihres Vaters) kommt aus Posen (Poznań). Diese Stadt ist in Polen, im Osten Europas.
Kurz nach der Geburt zieht Angela mit ihren Eltern in das Dorf Quitzow in der Deutschen Demokratischen Republik (DDR)[2]. Zu dieser Zeit ist Deutschland geteilt. Es gibt zwei deutsche Staaten: die DDR und die Bundesrepublik Deutschland[3].
In Quitzow arbeitet der Vater als Pfarrer[4] in einer Kirche.
1957 zieht die Familie noch einmal um. Ihre weitere Kindheit verbringt Angela Merkel in Templin. Das liegt ebenfalls im Osten Deutschlands.
Dort arbeitet der Vater in der Weiterbildung von Pfarrern.

Angela Merkel als Kind

[1]**Theologie:** Religion
[2]**die Deutsche Demokratische Republik (DDR):** von 1949 bis 1990 ein Staat im Osten Deutschlands, den es seit 1990 nicht mehr gibt, weil er ein Teil der Bundesrepublik Deutschland wurde
[3]**die Bundesrepublik Deutschland (BRD):** der Westen Deutschlands (seit 1990 gehört auch der Osten Deutschlands, die ehemalige DDR, zur Bundesrepublik Deutschland)
[4]**der Pfarrer:** jemand, der in der Kirche arbeitet

Die Mutter ist zunächst nicht berufstätig. Sie darf wegen des Berufs ihres Mannes in der DDR nicht als Lehrerin in der Schule arbeiten. Erst später arbeitet sie als Lehrerin für Erwachsene.
Als Angela Merkel klein ist, kümmert sich die Mutter um die Kinder. Angela Merkel hat zwei Geschwister. Der Bruder und die Schwester sind jünger als Angela.
Vater und Mutter sind beide wichtig für das Mädchen von damals. Heute sagt Angela Merkel, dass sie von beiden etwas hat: Von ihrem Vater das klare Denken und von ihrer Mutter die Fähigkeit, schnell zu handeln.
Die Kirche ist in der Familie Kasner sehr wichtig. Der Glaube hat Angela Merkel stark gemacht. Dadurch kann sie Verantwortung tragen, sagt sie.
Gleichzeitig ist die Familie offen für alles, was in der Welt passiert. Und das ist viel: Denn 1961 wird eine Mauer gebaut.

1961/62: Die Berliner Mauer an der Chaussseestraße

Diese Mauer geht mitten durch Berlin. Sie soll die DDR abschließen und die Teilung Deutschlands in zwei Staaten festigen. Es ist ein Gefühl, als ob Deutschland ein zweites Mal geteilt wird.
Damals ist Angela Merkel gerade sieben Jahre alt. Ihr tut es gut, dass die Familie viel über Politik redet.
Durch ihre Oma und andere Verwandte hat Angela Merkel noch Kontakt in den Westen. Sie bekommt Post und Pakete. Und sie liest Bücher aus dem Westen.

## Zeit des Lernens

1960 kommt Angela Merkel in die Schule. In Mathematik und in Russisch ist sie besonders gut. Sie nimmt auch sehr erfolgreich an einem Wettbewerb in Mathematik und in Russisch teil. Sie ist eine sehr gute Schülerin, die Beste in ihrer Klasse. 1973 macht Angela Merkel das Abitur und besteht mit der Note 1.

Angela Merkel liebt als Schülerin vor allem die Sprachen Englisch und Russisch. Sie bekommt aber keine Empfehlung für ein Studium von Sprachen. Sie bekommt eine Empfehlung fürs Studium für das Fach Physik. Eine Empfehlung ist in der DDR wichtig. Daher entschließt sie sich, Physik zu studieren. Das interessiert sie ebenfalls. Sie studiert an der Karl-Marx-Universität in Leipzig. Das ist eine große Stadt im Osten Deutschlands.

Die Regierung bestimmt in der DDR sehr viel. Sie bestimmt auch, wer studieren darf. Und auch welches Studium die Schülerinnen und Schüler wählen können. Oft sind Studenten nicht frei beim Lernen. Angela Merkel zweifelt am System der DDR, sie ist kritisch.

Sie hofft, dass sie bei einem Studium der Physik frei sein kann. Sie wünscht sich, dass der Staat ihr Studium nicht beeinflusst, weil Physik eigene Gesetze hat: die Gesetze der Natur und nicht die Gesetze der Politik.

Im Physikstudium lernt sie ihren ersten Ehemann, Ulrich Merkel, kennen. Sie heiraten im September 1977. Seitdem heißt sie Merkel.

Fünf Jahre nach dem Abitur hält Angela Merkel erneut ein Zeugnis in der Hand: ihr Diplom in Physik.

Eigentlich will Angela Merkel an einer Hochschule arbeiten. Das darf sie jedoch nicht. Denn sie will nicht für die Staatssicherheit[5] arbeiten. Das wird dort verlangt.

[5] **die Staatssicherheit:** eine Art „geheime Polizei"

So geht sie nach dem Ende des Studiums mit ihrem Mann in den Osten Berlins. Hier arbeitet sie in der Wissenschaft, in einem Institut, in dem geforscht wird. Sie forscht zu physikalischer Chemie. 1986 legt sie ihre Prüfung zum „Doktor der Naturwissenschaften[6]" mit sehr gutem Erfolg ab. In diesem Jahr fährt sie das erste Mal in den Westen Deutschlands, weil ihre Cousine heiratet.

Privat gibt es eine Veränderung: Angela Merkel trennt sich 1981 von ihrem Ehemann. Ein Jahr später lässt sich das Ehepaar scheiden. Trotzdem behält Angela Merkel den gemeinsamen Nachnamen.

1984 lernt Angela Merkel ihren Kollegen Joachim Sauer kennen. Er und Angela Merkel heiraten in den 1990er Jahren.

Joachim Sauer hat Chemie studiert und wird später Professor an der Universität Berlin. Bis heute sind die beiden verheiratet.

Angela Merkel mit ihrem Ehemann Joachim Sauer

[6]**die Naturwissenschaft:** Biologie, Chemie, Mathematik, Physik

## Einstieg in die Politik

Angela Merkel ist – wie viele junge Menschen in der DDR – in der FDJ[7]. Dort ist sie aktiv. Sie ist kein Parteimitglied der SED[8], ist in keiner anderen Partei und setzt sich auch nicht in der Kirche politisch ein. Die Forschung ist lange das Zentrum ihres Lebens.
Das ändert sich 1989: Am 9. November fällt die Mauer. Die Menschen in der DDR haben friedlich[9] protestiert und etwas Großes geschafft: Deutschland ist wieder ein Land.

9. November 1989: Ost- und West-Berliner feiern den Mauerfall vor dem Brandenburger Tor

Angela Merkel überlegt – wie ihre Mutter – in die Sozialdemokratische Partei Deutschlands (SPD) einzutreten. Das ist eine der großen Parteien aus dem Westen. Doch dann überzeugt sie der „Demokratische Aufbruch" mehr. Das ist eine Gruppe, die später zu einer Partei wird. Bekannte Menschen sind mit dabei, z. B. Schriftsteller und Menschen aus der Kirche.

[7]**die FDJ (kurz für: Freie Deutsche Jugend):** die Jugendorganisation in der DDR
[8]**die SED (kurz für: Sozialistische Einheitspartei Deutschlands):** die einzige Partei der Regierung der DDR, sie hat alles kontrolliert
[9]**friedlich:** ohne Gewalt

1990 schließt sich der „Demokratische Aufbruch" der CDU (Christliche Demokratische Union) an. Das ist eine andere große Partei aus dem Westen. Angela Merkel tauscht die Forschung gegen die Politik.

Angela Merkel gilt als fleißig, als eine Person, die ihr Ziel erreichen will. So geht es auch in der Politik für sie schnell vorwärts. Schon 1990 bekommt sie eine Stelle im Bundespresseamt[10].

Der Bundestag ist damals noch in Bonn. Das ist die alte Hauptstadt der Bundesrepublik Deutschland, in der sich noch bis 1999 die Regierung befindet. 1999 zieht die Regierung in den Reichstag in Berlin um.

Anfang Dezember erhält Angela Merkel einen Sitz im Deutschen Bundestag, den erstmals alle Deutschen aus West und Ost gemeinsam wählen dürfen. Denn Ende August 1990 wird der Vertrag für das vereinte[11] Deutschland unterschrieben. Am 3. Oktober ist seitdem der Tag der Deutschen Einheit.

Fast die Hälfte der Menschen in ihrem Wahlkreis[12] rund um Stralsund und die Insel Rügen haben Angela Merkel gewählt. Der Nordosten Deutschlands ist die politische Heimat von Angela Merkel.

Helmut Kohl von der CDU wird Ende 1990 wieder Bundeskanzler – zum ersten Mal für das vereinte Deutschland. Ihm fällt die junge Politikerin aus dem Osten sofort auf. Der Bundeskanzler wird zu einer wichtigen Person für Angela Merkel.

1991: Angela Merkel und Helmut Kohl

[10] **das Bundespresseamt:** eine Einrichtung, die Menschen über die Arbeit der Regierung informiert
[11] **vereint:** hier: das gesamte Deutschland, Ost und West
[12] **der Wahlkreis:** Ort, in dem Menschen wählen

## Die Ministerin

Für viele ist es eine Überraschung, dass Helmut Kohl die junge Angela Merkel zur Ministerin macht. Mit gerade einmal 36 Jahren wird sie 1991 Ministerin für Frauen und Jugend.

1991: Angela Merkel wird Ministerin für Frauen und Jugend

Auch Angela Merkel hat wenig Zeit zum Nachdenken. Es geht alles sehr schnell. Sie nimmt das Amt[13] an. Frauen und Jugend sind Themen, die sie bisher nicht besonders bearbeitet hat. Doch sie traut sich das Amt zu.

Im gleichen Jahr will sie Chefin der CDU in Brandenburg, einem Bundesland in Ostdeutschland, werden. Aber sie verliert die Wahl. Nur einen Monat später wird sie jedoch stellvertretende[14] Chefin der ganzen CDU. Das ist ein sehr großer Erfolg für die junge Frau. Sie ist die einzige Frau aus der ehemaligen DDR, die damals so einen Start in die Politik geschafft hat. Überhaupt hat es damals nur wenige Ministerinnen gegeben.

Die Arbeit in der Regierung ist für Angela Merkel, die kurz vorher noch in der Forschung gearbeitet hat, neu. Zunächst nennen viele sie „Kohls Mädchen", weil Helmut Kohl sie gefördert hat. Aber sie wird schnell bekannt. Und viele Menschen in der Politik und im Land schätzten sie und ihre Arbeit.

Angela Merkel fühlt sich schnell in der Politik zu Hause. 1993 wird sie Chefin der CDU im Bundesland Mecklenburg-Vorpommern. Das ist ein Bundesland im Osten von Deutschland.

[13] **das Amt:** Position, Stelle in der Regierung
[14] **stellvertretend:** hier: zweite

Angela Merkels Mann hat zwei Kinder mit einer anderen Frau. Angela Merkel und er haben keine gemeinsamen Kinder. Trotzdem ist Angela Merkel das Thema Vereinbarkeit[15] von Familie und Beruf bis heute sehr wichtig. Sie macht es schon damals zu ihrer Sache. Sie setzt es durch, dass Eltern auf jeden Fall einen Platz im Kindergarten für ihre Kinder bekommen. Das ist ein großer Schritt nach vorne in der Politik.

Außerdem ist ihr wichtig, dass die Arbeit mit Jugendlichen gefördert wird. Vor allem will sie, dass rechte Gewalt[16] bekämpft wird. Die Ministerin Merkel entwickelt auch ein Gesetz, das für mehr Gleichberechtigung[17] zwischen Mann und Frau im Beruf sorgen soll. Auch das Grundgesetz[18] wird ergänzt um einen Satz, in dem es um Gleichberechtigung geht. Nicht alle männlichen Kollegen sind begeistert von Angela Merkels Ideen. Gleichberechtigung ist Angela Merkel bis heute wichtig, obwohl sie keine Feministin[19] ist. Ihr Amt als Ministerin für Frauen und Jugend hat Angela Merkel fast vier Jahre. 1994 ist eine neue Wahl für den Bundestag. Wieder wird Helmut Kohl Bundeskanzler. Die CDU kommt zusammen mit der FDP[20] an die Regierung. Angela Merkel wird Ministerin: Dieses Mal wird sie Ministerin für Umwelt.

Das Amt der Ministerin für Umwelt ist ihr durch ihr Studium sehr nah, da sie sich mit der Natur gut auskennt.

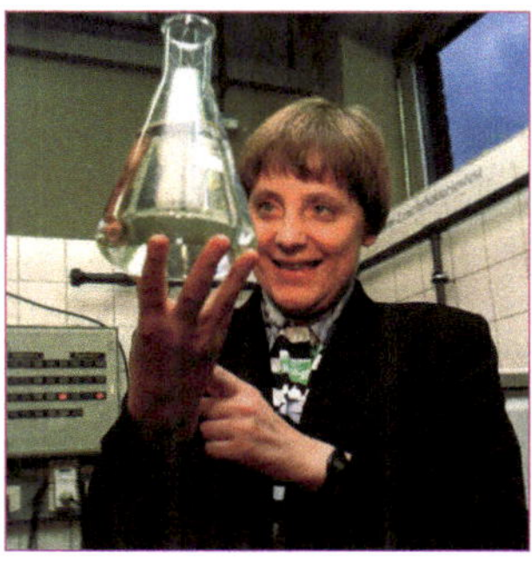

Die Umweltministerin Angela Merkel in einem Labor

[15]**die Vereinbarkeit:** zwei Dinge gleichzeitig machen
[16]**rechte Gewalt:** Gewalt gegen Menschen aus anderen Ländern
[17]**die Gleichberechtigung:** alle haben die gleichen Rechte und sind gleich viel wert
[18]**das Grundgesetz:** das wichtigste Gesetz Deutschlands
[19]**die Feministin:** eine Frau, die sich sehr für die Rechte der Frau einsetzt
[20]**FDP:** kurz für: Freie Demokratische Partei, eine Partei in Deutschland

Ihr Start im neuen Amt ist gut. Sie kann schon 1995 zeigen, was in ihr steckt. Da ist nämlich die „Klimakonferenz der Vereinten Nationen"[21] in Berlin. Es ist die erste Klimakonferenz der Vereinten Nationen. Politiker aus aller Welt nehmen teil.

Angela Merkel setzt sich sehr dafür ein, dass die Treibhausgase[22] in der ganzen Welt reduziert werden. Sie kann die anderen Politikerinnen und Politiker überzeugen, dass der Schutz des Klimas sehr wichtig ist. Angela Merkel ist klar, dass das Klima ein zentrales Thema für alle Länder ist. Es ist kein Thema, das ein Land alleine lösen kann. Für Angela Merkel ist die Klimapolitik eine große Aufgabe, die sie auch später noch beschäftigt.

Das Gleiche gilt für das Thema Energie. Zum einen geht es um die Sicherheit: In Tschernobyl in der Ukraine zerstörte sich 1986 ein Atomkraftwerk[23]. Das ist sehr gefährlich.

Zum anderen geht es ihr darum, alternative Energien zu gewinnen und weniger Energie zu verbrauchen: Energie sparen, um der Umwelt nicht zu schaden, ist das Ziel.

[21] **der Klimagipfel der Vereinten Nationen:** ein Treffen vieler Länder aus der ganzen Welt zum Klima

[22] **das Treibhausgas:** unter anderem $CO_2$, schadet der Umwelt

[23] **das Atomkraftwerk:** Fabrik, die Strom herstellt

## Der Aufstieg in der Partei

Obwohl Angela Merkel schon viel erreicht hat, nehmen manche älteren Männer in der Politik sie nicht ernst[24]. Doch das ändert sich bald. Vielleicht wird sie nicht immer geliebt. Aber sie wird geachtet.

Bundeskanzler Helmut Kohl hat Angela Merkel in den ersten Jahren den Weg in die große Politik bereitet. Doch in den folgenden Jahren steht Angela Merkel immer mehr auf eigenen Füßen. Ende der 1990er Jahre fängt sie sogar an, sich gegen ihren politischen Vater Helmut Kohl zu richten.

1998 ist ein hartes Jahr für die CDU und für den Bundeskanzler: Die Partei hat die Bundestagswahl verloren. Die Sozialdemokratische Partei Deutschlands (SPD) hat gewonnen. Zusammen mit der Partei „Die Grünen"[25] kommen sie an die Regierung. Gerhard Schröder von der SPD wird Bundeskanzler.

Wegen des schlechten Ergebnisses der Wahl will Helmut Kohl nicht mehr Chef der CDU sein. Das Amt übernimmt Wolfgang Schäuble. Und Angela Merkel wird für anderthalb Jahre neue Generalsekretärin[26] der Partei. Das ist ein großer Schritt in der politischen Karriere von Angela Merkel. Eine Generalsekretärin hat viel Einfluss in einer Partei.

Zu der Zeit gibt es in der CDU eine Spendenaffäre[27], mit der Helmut Kohl zu tun hat. Angela Merkel findet es nicht gut, wie er sich verhalten hat. Sie löst sich von ihm, damit die Partei überleben kann. Sie handelt für die Partei, für die CDU. Sie fordert die Partei auf, ohne Helmut Kohl weiterzugehen.

Doch auch Wolfgang Schäuble ist an der Spendenaffäre beteiligt. Daher gibt er das Amt des Chefs der CDU ab. 2000 wird Angela

[24]**jmd. nicht ernst nehmen:** jmd. nicht so viel zutrauen, denken, der andere kann etwas nicht so gut
[25]**die Grünen:** eine Partei, die sich u. a. für den Schutz der Umwelt einsetzt
[26]**die Generalsekretärin:** eine hohe Position in einer Partei
[27]**die Spendenaffäre:** Parteien bekommen Geld – zum Beispiel von Menschen oder Einrichtungen, die die Partei gut finden. Bekommt eine Partei viel Geld, muss sie es sagen. Das war hier nicht der Fall.

Merkel Chefin der CDU. Fast alle Kolleginnen und Kollegen aus der Partei haben sie gewählt.
Das ist der Beginn einer neuen CDU. Erstmals führt eine Frau die Partei. Das hat es vorher noch nie gegeben. Dennoch wird sie nicht die Kandidatin für das Amt des Kanzlers. Bei der Bundestagswahl 2002 tritt Edmund Stoiber an, der jedoch nicht Bundeskanzler wird. Noch einmal gewinnt Gerhard Schröder mit der SPD.
Angela Merkel gelingt es, im Frühling 2005, Kandidatin für das Amt des Bundeskanzlers zu werden. Edmund Stoiber hat keine Mehrheit mehr. Es ist klar: Bei der nächsten Wahl wird das erste Mal eine Frau antreten. Angela Merkels Ziel ist es, Bundeskanzlerin zu werden.
Obwohl viele es erst nicht glauben wollen: Sie ist schon lange nicht mehr „Kohls Mädchen". Sie ist eine erfolgreiche Politikerin.
Eigentlich ist die Bundestagswahl 2006. Aber Bundeskanzler Gerhard Schröder und die Regierung aus SPD und Grünen wollen schon eher Wahlen. Sie lösen den Bundestag auf.[28]
SPD und Grüne bekommen zu wenige Stimmen. Es gibt eine „Große Koalition"[29] aus CDU und SPD.
Angela Merkel wird die erste deutsche Bundeskanzlerin. Noch nie hatte jemand aus Ostdeutschland dieses Amt. Und kein Bundeskanzler zuvor war jünger als sie:
Sie ist 51 Jahre alt und hat ihr großes Ziel erreicht.

2005: Angela Merkel wird Bundeskanzlerin

[28]**auflösen:** hier: der Bundestag darf nicht mehr zusammenkommen und Gesetze machen, er muss neu gewählt werden
[29]**die große Koalition:** zwei große Parteien sind gemeinsam in der Regierung

## Die Kanzlerin

Angela Merkel ist inzwischen rund 15 Jahre in der Politik. Sie hat schon viel Erfahrung, als sie Gerhard Schröder ablöst. Sie weiß, was sie kann und ist gut vorbereitet für ihr neues Amt.

In ihrer Rede sagt sie, sie will Deutschland dienen. Denn Deutschland kann es schaffen, so die neue Kanzlerin.

Die Kanzlerin wird schnell in der Welt bekannt. Europa – die Europäische Union (EU)[30] – ist schon immer ein Thema, für das sie sich einsetzt.

Die Länder der europäischen Union

[30]**die Europäische Union (EU):** Verbund von 27 europäischen Staaten

Die EU steckt in der Krise. Und Angela Merkel will die Bürgerinnen und Bürger in die Mitte stellen. Sie sind ihr wichtig. Das Projekt Europa beschäftigt sie immer als Kanzlerin. Sie bewegt viel in der EU. Doch es geht auch immer wieder Schritte zurück.
Schon bald nennen internationale Medien sie „die mächtigste[31] Frau der Welt". Die internationale Finanzkrise ist zu Beginn ihrer Karriere als Kanzlerin eine Herausforderung, die sie lösen muss.
Im Jahr 2006 findet der erste G8-Gipfel[32] statt, an dem Angela Merkel teilnimmt. Auf diesem Treffen ist Angela Merkel die einzige Frau. Eine Frau zwischen Männern. Dieses Bild wiederholt sich ständig, wenn Angela Merkel ihre Kollegen trifft.

2007: Angela Merkel (Mitte) beim G8-Gipfel im Seebadeort Heiligendamm an der Ostseeküste

Alle vier Jahre wählen die Deutschen den Bundestag. 2009 ist es soweit: Angela Merkel tritt wieder als Bundeskanzlerin an. Ihr Ziel: Eine Regierung mit der FDP. Sie will keine neue Große Koalition. Beides erreicht Angela Merkel: Sie wird Kanzlerin einer Regierung aus CDU/CSU[33] und FDP.

[31] **mächtig:** Person mit sehr großem Einfluss
[32] **der G8-Gipfel:** Treffen von Ländern aus der ganzen Welt
[33] **die CSU (kurz für: Christlich-Soziale Union):** eine Partei aus dem Bundesland Bayern, die eng mit der CDU verbunden ist und mit der CDU zusammen in der Regierung ist

Und wieder hat sie schon am Anfang ihrer neuen Zeit im Amt mit Krisen zu kämpfen: Die internationale Finanzkrise dauert noch an und hinzu kommt die Euro[34]krise. Das sind sehr schlimme Krisen. Die Menschen vertrauen Angela Merkel in diesen Krisen.

Helmut Kohl war 16 Jahre lang Bundeskanzler. Auch Angela Merkel gewinnt eine Wahl nach der anderen – so auch 2013. Doch die FDP schafft es nicht, in den Bundestag zu kommen. Daher gibt es noch einmal eine Große Koalition mit der SPD.

Das Thema, das Angela Merkel in den nächsten Jahren beschäftigt, sind die Geflüchteten[35]. So viele Geflüchtete gibt es seit dem letzten Weltkrieg nicht mehr. Sie kommen über das Meer nach Europa. Im Sommer 2015 erlaubt die deutsche Regierung es den Geflüchteten, nach Deutschland zu kommen.

Die Bundeskanzlerin sagt den Satz: „Wir schaffen das." Und sie meint es auch so. Sie handelt so, wie sie es von ihren Eltern gelernt hat. Als Kind der deutschen Einheit ist sie überzeugt, dass Deutschland viel bewegen kann.

Der Satz „Wir schaffen das" ist besonders. Denn die Kanzlerin spricht eigentlich eher in langen Sätzen. In Sätzen mit Haupt- und Nebensatz. Diese drei Worte sind bis heute berühmt.

[34]**der Euro:** das Geld / die Währung in fast allen Ländern der der Europäischen Union

[35]**der/die Geflüchtete:** Mensch, der sein Land verlässt oder verlassen muss, zum Beispiel wegen Krieg

## Das Ende der Kanzlerin

Bis 2017 kennt Angela Merkel nur einen Weg: Den Weg nach oben. Doch 2017 verliert ihre Parteien bei der Wahl zum Bundestag Stimmen.

2017 ist das Jahr, in dem Helmut Kohl stirbt. Zu seinem Tod hält Angela Merkel eine Rede, in der sie ihm dankt. Sie dankt ihm vor allem dafür, dass er Deutschland zur Einheit von West und Ost geführt hat. Denn das ist der Anfang ihrer Karriere in der Politik. Mittlerweile ist sie schon 12 Jahre Kanzlerin.

Und jetzt, bei der Bundestagswahl 2017, dieses schlechte Ergebnis.

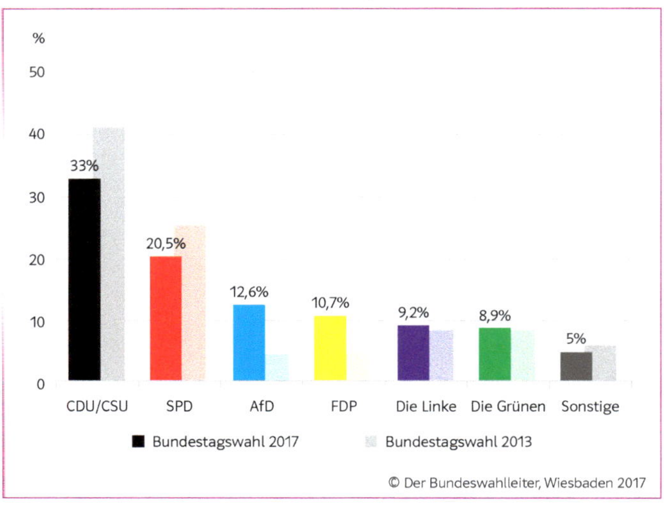


Zweitstimmenanteile bei der Bundestagswahl 2017 (Endgültiges Ergebnis)

Das Ergebnis ist so schlecht wie noch nie seit 1949. Auch die SPD hat einen hohen Verlust an Stimmen.

Angela Merkels Partei hat nur zwei Möglichkeiten: wieder eine Große Koalition mit der SPD oder eine Regierung zusammen mit der FDP und den Grünen.

Der Kandidat für das Amt des Kanzlers der SPD, Martin Schulz, sagt noch am Abend der Wahl, dass er keine Große Koalition mehr will. Aber mit der FDP und den Grünen kommt die CDU nicht zusammen. Und so wird doch noch einmal eine Große Koalition gebildet.

Politisch jedoch gibt es einen Abschied. Angela Merkel schlägt 2018 Annegret Kamp-Karrenbauer als Generalsekretärin vor, die kurz darauf auch Chefin der CDU wird.

Das ist der erste Schritt von Angela Merkel, sich von der Macht zu lösen. Sie vertraut Annegret Kramp-Karrenbauer ihr Amt als Chefin der Partei an. Annegret Kramp-Karrenbauer ist eine Frau, die Angela Merkel sehr schätzt. Ebenso wie Ursula von der Leyen, die seit 2005 Ministerin im Bundestag ist und seit 2019 ein hohes Amt in der Europäischen Union hat.

2018: Angela Merkel (Mitte) mit Annegret Kramp-Karrenbauer (links) und Ursula von der Leyen (rechts)

2020: Angela Merkel, Finanzminister Olaf Scholz und Außenminister Heiko Maas (von rechts nach links)

Das Jahr 2020 ist erneut ein Jahr der Krise: Das Coronavirus (COVID-19 oder SARS-CoV-2) bestimmt die ganze Welt. Angela Merkel führt Deutschland durch diese schwierige Zeit.
Vielleicht hat sie sich ihr letztes Jahr als Bundeskanzlerin mit inzwischen 66 Jahren anders vorgestellt? Schon länger steht fest: Bei der Wahl zum Bundestag 2021 möchte sie nicht noch einmal Kanzlerin werden. Nach 16 Jahren wird sie die große Bühne der Politik verlassen. Sie hat für Deutschland Geschichte geschrieben – als erste Bundeskanzlerin.

## Angela Merkel – privat

Viel freie Zeit hat Angela Merkel als Bundeskanzlerin nicht. Doch Angela Merkel ist sowieso keine Frau, die ständig über private Interessen und Hobbys spricht. Nur selten findet man Berichte oder Fotos in der Zeitung, die Angela Merkel in ihrer Freizeit zeigen. Auch ihr Mann, der 2019 seinen 70. Geburtstag gefeiert hat, zeigt sich nicht oft.

Beide lieben die Natur: Sie sind in ihrem Garten zu Hause in der Uckermark oder gehen wandern – gerne in den Bergen. Im Winter mag Angela Merkel Langlauf[36] gerne.

Manchmal sieht man Angela Merkel beim Fußball im Fernsehen. Allerdings nicht auf dem Feld, sondern als Zuschauerin. Sie guckt gerne Fußball, vor allem wenn die deutsche Nationalmannschaft spielt.

Fußballweltmeisterschaft der Frauen 2011: Angela Merkel im Stadion

Außerdem mag sie Musik und vor allem die Oper. Es gibt in Deutschland in einer Stadt in Bayern – Bayreuth – ein sehr bekanntes Opern-Fest: die „Bayreuther Festspiele". Dort geht sie immer mit ihrem Mann hin. Und sie liest gerne.

Und was wird Angela Merkel machen, wenn sie in Rente geht? In einigen Zeitungen stand, dass sie vielleicht Vorträge an Hochschulen halten möchte. Fest steht auf jeden Fall: Wer so viel geleistet hat, wird nicht ganz im Privatleben verschwinden.

[36] **der Langlauf:** Wandern mit Skiern

# Übungen zum Leseverstehen

**Das Kind**

**1. Fülle den Steckbrief aus.**

Vorname: ____________________ (1)

Nachname: ____________________ (2)

Geburtstag: ____________________ (3)

Geburtsort: ____________________ (4)

**2. Richtig (✓) oder falsch (✗)? Kreuze an.**

| | | ✓ | ✗ |
|---|---|---|---|
| **a)** | Angela Merkels Eltern heißen Horst und Henriette | ☐ | ☐ |
| **b)** | Sie hat einen Bruder und eine Schwester. | ☐ | ☐ |
| **c)** | Beide Geschwister sind älter. | ☐ | ☐ |
| **d)** | Angela Merkel ist in der DDR geboren. | ☐ | ☐ |
| **e)** | Sie verbringt ihre Kindheit in der DDR. | ☐ | ☐ |
| **f)** | Sie ist sechs Jahre, als die Mauer gebaut wird. | ☐ | ☐ |
| **g)** | In ihrer Familie wird nie über Politik gesprochen. | ☐ | ☐ |
| **h)** | Die Kirche ist in ihrer Familie sehr wichtig | ☐ | ☐ |

**3. Schreibe die folgenden Begriffe in die Deutschlandkarte.**

| Osten | Westen |
|---|---|
| BRD | DDR |

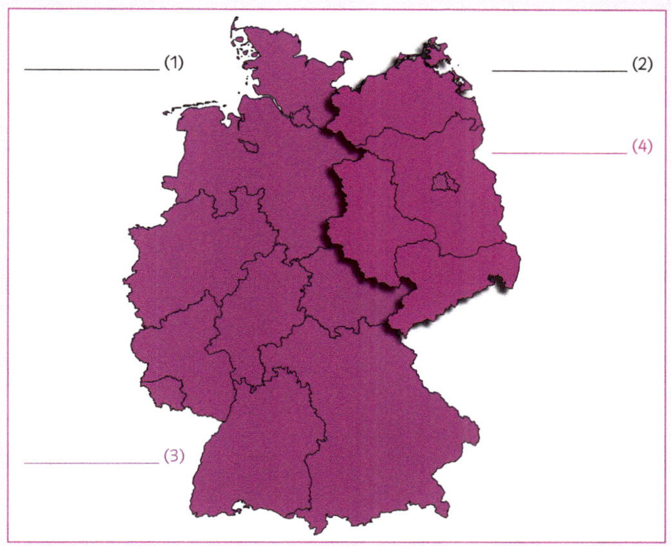


**Zeit des Lernens**

**In jedem Satz stimmt etwas nicht. Streiche das falsche Wort durch und schreibe das richtige Wort hinter den Satz.**

**a)** Angela Merkel ist eine sehr schlechte Schülerin. ______________

**b)** In Musik und in Russisch ist sie besonders gut. ______________

**c)** 1960 macht sie das Abitur. ______________

**d)** Sie besteht mit der Note 3. ______________

**e)** Dann studiert sie Philosophie in Leipzig. ______________

**f)** Nach dem Studium geht sie in den Westen Berlins. ______________

**g)** Dort arbeite sie in der Wirtschaft. ______________

**h)** 1986 erhält sie ihren Doktor der Philosophie. ______________

## Einstieg in die Politik

**Kreuze die richtige Antwort an.**

**1 Was ist lange Zeit das Zentrum von Angela Merkels Leben?**

**a)** die Forschung **b)** die Kirche **c)** die SED

**2 Welches Datum verändert Angela Merkels Leben?**

**a)** 03.10.1990 **b)** 24.12.1989 **c)** 09.11.1989

**3 In welcher Partei ist Angela Merkel seit 1990?**

**a)** in der SED **b)** in der SPD **c)** in der CDU

**4 Wo ist Angela Merkels politische Heimat?**

**a)** in Berlin **b)** im Nordosten Deutschlands **c)** in Bonn

**5 Wer wird 1990 Bundeskanzler?**

**a)** Angela Merkel **b)** ihre Mutter **c)** Helmut Kohl

## Die Ministerin

**Warum nennen viele Angela Merkel „Kohls Mädchen"?**

______________________________________________

______________________________________________

______________________________________________

______________________________________________

______________________________________________

______________________________________________

**Der Aufstieg in der Partei**

1. **Bringe Angela Merkels Stationen auf ihrem Weg zur Bundeskanzlerin in die richtige Reihenfolge.**

1991 … 2005

a) Bundeskanzlerin

b) Chefin der CDU Deutschland

c) Chefin der CDU Mecklenburg-Vorpommern

d) Generalsekretärin der CDU

e) Ministerin für Frauen und Jugend

f) Ministerin für Umwelt

2. **Wer war zuerst Kanzler, wer zuletzt? Bring die Namen in die richtige Reihenfolge.**

Gerhard Schröder

Angela Merkel

Helmut Kohl

**Die Kanzlerin**

**Welche Krise musste Angela Merkel NICHT als Bundeskanzlerin meistern? Streiche durch.**

**A** Eurokrise

**B** Flüchtlingskrise

**C** Wasserkrise

**D** Finanzkrise

**E** Ölkrise

**Das Ende der Kanzlerin**

1. Wie viele Jahre war Angela Merkel Bundeskanzlerin?

___

2. Finde eine Überschrift zu Angela Merkels Zeit als Bundeskanzlerin.

___

3. Welche Politikerinnen kennst du (in deinem Land und/oder aus aller Welt)? Schreibe hier fünf Namen auf.

1 ___

2 ___

3 ___

4 ___

5 ___

**Angela Merkel – privat**

**Welche Worte aus Angela Merkels Leben haben nichts mit Politik zu tun? Streiche durch.**

**A** Bundestag | **B** Fußball | **C** Physik

**D** Ehemann | **E** Natur

**F** CDU | **G** Kanzlerin | **H** Wahl

**I** Europa | **J** Oper

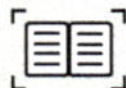

# Die Kanzlerin der Krisen

Viele Leute nennen Angela Merkel „Krisenkanzlerin". Denn in Krisen zeigt sie immer, was sie kann. Man könnte sagen: In Krisen wird sie richtig aktiv.
Vielleicht kommt das durch ihr Studium in Physik: Angela Merkel ist eine Frau, die klar denkt. Sie beobachtet, prüft, denkt nach und handelt nicht zu schnell, sondern überlegt. So, wie sie es in der Forschung gelernt hat. Sie versucht, Dinge richtig einzuschätzen. Sie bleibt ruhig. Und wenn es nötig ist, kann sie schnell handeln.
Natürlich macht sie nicht alles richtig. So ist das in der Politik. Jeder macht auch Fehler. Vor allem Menschen, die schon so lange in der Politik sind.

## Die Finanzkrise

Es ist im Jahr 2008 – Angela Merkel ist gerade im dritten Jahr als Bundeskanzlerin. Da kommt die erste große Aufgabe auf sie zu: die Finanzkrise. Es geht um richtig viel Geld. Und das nicht nur in Deutschland, sondern in der ganzen Welt.
Die Finanzkrise beginnt in den USA. Dort gibt es Probleme mit Krediten für Häuser. Denn die Banken leihen das Geld auch armen Menschen. Diese Menschen können ihre Schulden nicht zurückzahlen[1].
So haben die Banken kein Geld mehr. Einige Länder leihen den Banken Geld. Doch viele Banken müssen schließen. Auch große Banken sind nicht mehr sicher. Daher nennt man diese Finanzkrise auch Bankenkrise.
Deutschen Banken geht es auch schlecht. Die deutsche Regierung muss handeln. Es gibt Rettungspakete[2], das sind zum Beispiel Kredite. Sogar bekannte Banken brauchen Hilfe vom Staat.

[1]**zurückzahlen:** das Geld der Bank zurückgeben, jeden Monat
[2]**das Rettungspaket:** verschiedene Dinge, um etwas zu retten

Die Menschen haben große Angst, ihr gespartes Geld zu verlieren. Doch die Regierung sagt, dass das Geld auf jeden Fall sicher ist.
Zu der Zeit hat Angela Merkel den Bundesminister für Finanzen an ihrer Seite: Das ist Peer Steinbrück von der SPD. Die CDU ist mit der SPD gemeinsam in der Regierung.
Die Regierung beschließt zum Beispiel ein Programm, dass die Menschen nicht ihre Arbeit verlieren und dass die Banken nicht schließen müssen.
Der Wirtschaft in Deutschland geht es schlecht. Die Autohersteller leiden besonders. Die Politikerinnen und Politiker und die Leiterinnen und Leiter der Unternehmen treffen sich oft. Und Angela Merkel trifft sich oft mit Chefs aus anderen Ländern.
2009, vor den Bundestagswahlen, spricht die Kanzlerin von der schlimmsten Wirtschaftskrise seit 1945.
In jeder Krise verlieren Menschen ihre Arbeit. So droht auch in der Finanzkrise die Arbeitslosigkeit. Daher muss die Regierung handeln. Sie baute zum Beispiel die Kurzarbeit[3] aus.
In einigen Branchen werden trotzdem Menschen arbeitslos. In anderen Branchen können Arbeitsplätze gerettet werden.
Eine Idee der Regierung, um die Hersteller von Autos zu retten: die Abwrackprämie. Die bedeutet: Die Menschen können ein altes Auto auf den Müll bringen. Sie erhalten dann 2500 Euro von der Regierung, wenn sie sich ein neues Auto kaufen. So sollen die Hersteller von Autos wieder mehr verdienen.
Das kostet den Staat sehr viel Geld. Manche Fachleute kritisieren, dass nicht nur deutsche Hersteller unterstützt werden. Sondern auch Hersteller aus dem Ausland. Zudem verdienen manche Hersteller nach dieser staatlichen Hilfe wieder weniger.
Viele Branchen trifft die Krise. Es gehen nicht mehr so viele Leute in Geschäfte und kaufen ein. Es gehen nicht mehr so viele Leute in

[3] **die Kurzarbeit:** Menschen müssen weniger arbeiten und bekommen Geld vom Staat

Restaurants essen und nicht mehr so viele Leute verreisen. Andere Länder kaufen nicht mehr so viel aus Deutschland.
Erst im Sommer 2009 geht es etwas aufwärts in Deutschland. Doch die Krise ist noch lange nicht vorbei.

## Die Eurokrise

Nach der Wahl 2009 wird Angela Merkel wieder Bundeskanzlerin. Die CDU/CSU hat Stimmen bei der Wahl verloren. Eine Wahl mitten in einer Finanzkrise ist kein guter Termin.
Angela Merkel steht sofort nach der Wahl vor einer neuen Herausforderung. Die weltweite Finanzkrise dauert noch an und hinzu kommt eine Krise in Europa.

Euro-Scheine und 1-Euro-Münzen

Die Krise beginnt in Griechenland. Griechenland hat fast kein Geld mehr. Doch die Länder der Europäischen Union (EU) haben fast alle eine gemeinsame Währung. Die meisten Menschen in der EU zahlen mit dem Euro. Und wenn es einem Land in der EU schlecht geht, spüren das alle Länder der EU. Das ist gefährlich.
Deshalb müssen die Chefs und Chefinnen der EU-Länder handeln. Sie müssen schnell handeln, weil es weiteren Ländern schlecht geht: Die EU muss auch Irland, Portugal und später auch Zypern und Spanien retten.
Die Eurokrise ist vor allem eine Schuldenkrise. Denn einige Länder haben viel zu viele Schulden.
Deutschland gehört zu den Ländern, die etwas tun müssen. Denn Deutschland ist ein großes Land in der EU mit vielen Menschen. Und Deutschland hat eine starke Wirtschaft.
Die deutsche Regierung braucht eine gute Idee. Ihr Weg: Sie will den europäischen Staaten, die Schulden haben, nicht nur mit Geld

helfen. Vor allem will sie an den Ursachen der Probleme arbeiten. Doch andere europäische Staaten sehen das anders.
Erst heißt es, dass Angela Merkel hart wie Stein ist. Später werfen ihr manche Experten vor, dass sie zu sehr zögert.
Die Bundeskanzlerin versucht, die Probleme mit klarem Kopf zu lösen. Sie will den Euro unbedingt sichern und nicht verlieren. Denn der Euro ist sehr wichtig. Er ist nur nicht nur ein Zeichen für das gemeinsame Europa - ein Zeichen der Einheit. Er ist auch wirtschaftlich wichtig.
Angela Merkel liegt viel an Europa. Ihr Vorschlag ist: Hilfen für die verschuldeten Länder gibt es nur gegen Reformen. Es sind keine einfachen Zeiten für die Kanzlerin. Sie ist sehr oft unterwegs und trifft sich mit den Chefs der anderen EU-Staaten.
Auch in Deutschland gibt es eine Debatte um die Hilfen für die verschuldeten EU-Länder, vor allem für Griechenland. Die deutsche Regierung streitet sich. Und auch die Staaten in der EU sind sich nicht einig. Schließlich gibt es einen Rettungsschirm[4]. Mit Hilfen und Krediten für die verschuldeten EU-Staaten.
Die nächsten Jahre bleiben schwierig. Bis weit nach der nächsten Bundestagswahl 2013 war Angela Merkel mit der Finanzkrise und der Eurokrise beschäftigt. Auch heute ist das Thema Geld in der EU immer wieder wichtig und schwierig.

[4]**der Rettungsschirm:** hier: verschiedene Dinge der EU, um EU-Länder in Not zu retten

## Die Klimakanzlerin

Nachdem Angela Merkel Kanzlerin geworden ist, nennen viele sie bald „Klimakanzlerin". Klima und Umwelt - das sind Themen, die der Bundeskanzlerin wichtig sind. Sie hat Physik studiert und sie war Ministerin für Umwelt. Da ist es nicht überraschend, dass Angela Merkel auch als Kanzlerin das Thema Klima behandeln will. Sie ist sich sicher: Nur wenn die Industrieländer[5] das Klima schützen, werden andere Staaten es auch tun.
Im August 2007 reist Angela Merkel nach Grönland. Dort verschwindet das Eis durch die Wärme. Fotos von Angela Merkel in Grönland gehen um die Welt. Angela Merkel will allen zeigen, wie wichtig der Schutz des Klimas ist.

2007: Angela Merkel mit Umweltminister Sigmar Gabriel (rechts) und dem dänischen Ministerpräsidenten Anders Fogh Rasmussen (links) in Ilulissat (Grönland)

Angela Merkel arbeitet viel mit Sigmar Gabriel von der SPD zusammen. Sigmar Gabriel ist Umweltminister. Die beiden wollen ein schwieriges Ziel erreichen: Bis 2020 sollen die Treibhausgase[6] in Deutschland um 40 Prozent im Vergleich zu 1990 sinken.

[5]**das Industrieland:** ein Land, das viel produziert, zum Beispiel Deutschland, Frankreich, Großbritannien, die USA und Japan
[6]**das Treibhausgas:** $CO_2$

Dazu werden viele Maßnahmen[7] beschlossen. Für Angela Merkel sind diese Beschlüsse zu Beginn ihrer Zeit als Kanzlerin sehr wichtig. Doch es ist von Anfang an klar, dass das Ziel sehr groß ist. Umweltverschmutzung und Treibhausgase stoppen nicht vor der Grenze Deutschlands. Daher setzt sich Angela Merkel auch in der EU und in der ganzen Welt für den Schutz des Klimas ein.
Deutschland hat 2007 die Ratspräsidentschaft[8] der EU. Auch dort geht es um den Schutz des Klimas.
Immer wieder gibt es Treffen: in Deutschland, in der EU und mit Ländern aus aller Welt. Dort werden gemeinsame Ziele vereinbart. Doch es gibt auch Streit: zwischen Politikerinnen und Politikern, zwischen der Wirtschaft und der Politik.
Angela Merkel versucht, die Interessen der Wirtschaft (zum Beispiel der Autoindustrie) und den Schutz des Klimas zusammenzubringen. Was nicht immer einfach ist. Und was auch nicht immer gelingt.
Besonders wichtig ist das Abkommen von Paris. 2015 findet in Paris eine Konferenz zum Schutz des Klimas statt. Über 150 Regierungschefs nehmen an dieser Konferenz teil und diskutieren zwei Wochen lang.
Inzwischen gibt es – nach Angela Merkel in den 1990er Jahren – wieder eine deutsche Bundesministerin für Umwelt: Barbara Hendricks. Sie ist mit Angela Merkel und dem Bundesminister für Entwicklung, Gerd Müller, in Frankreich.
Es ist das erste Mal, dass alle Staaten das Thema Klimaschutz ernst nehmen und Ziele für ihr Land aufschreiben. Arme Länder sollen unterstützt werden.
Was alle wollen: Auf der Erde soll es nicht noch wärmer werden. Die Erderwärmung[9] soll mindestens unter 2 Grad Celsius bleiben. Eigentlich soll sie sogar unter 1,5 Grad Celsius sein.

[7]**die Maßnahme:** Handlung, um ein Ziel zu erreichen
[8]**die EU-Ratspräsidentschaft:** Chef im Rat der EU. Dort sitzen die Ministerinnen und Minister der EU.
[9]**die Erderwärmung:** wenn es auf der Erde immer wärmer wird

Das sind sehr anspruchsvolle Ziele. Doch es ist wichtig für die gesamte Welt, dass diese Ziele erreicht werden.
Das Pariser Abkommen soll ein Anfang sein. Knapp 200 Staaten unterschreiben nach und nach das Abkommen. Jetzt sollen die einzelnen Länder aktiv werden.
Der Schutz des Klimas betrifft auch den Verkehr (Autofahren) und die Energiepolitik. Man spricht von einer Energiewende. Das heißt: Die Regierung möchte die Energie, also Wärme und Strom, nicht mehr aus Kernkraft und Kohle gewinnen, sondern vor allem aus „erneuerbaren[10] Quellen", zum Beispiel durch Wind und Sonne. Und immer mehr Autos und Busse sollen mit Strom fahren. Auch hier hat sich die Regierung Ziele gesetzt. Gleichzeitig soll der Bedarf an Energie sinken.
Durch das Nuklear-Unglück in Fukushima im Jahr 2011 ist für Angela Merkel klar: Deutschland muss aus der Atomenergie aussteigen. 2022 soll es soweit sein.

Jugendliche demonstrieren in Frankfurt am Main für den Klimaschutz

[10]**erneuerbar:** regenerativ, entsteht immer wieder neu

Wie so oft in der Politik: Die einen loben Angela Merkel für ihre Klimapolitik. Die anderen sagen: Es dauert alles zu lange. Wir haben keine Zeit. Denn das Klima verzeiht nichts, sagen sie.
Im Jahr 2019 wird das Thema Klima noch einmal sehr aktuell: Denn 2018 wird Greta Thunberg bekannt – die Schülerin aus Schweden, die wegen des Klimaschutzes nicht mehr in die Schule geht.
Danach kommen auch in Deutschland junge Menschen zusammen, die sich für das Klima einsetzen. Sie nennen sich „Fridays for Future". Es werden immer mehr Jugendliche, die mitmachen. Auch die Regierung beobachtet das. Das Thema Klima wird seitdem überall noch mehr diskutiert – auch in der EU.
Zusammen mit Frankreich will Deutschland sich in der EU für die Umwelt einsetzen und einen „Green Deal"[11] mit den anderen EU-Ländern aushandeln. Die EU soll als erster Kontinent bis 2050 klimaneutral sein. Das heißt: Treibhausgase sollen die Umwelt nicht mehr belasten. Außerdem verschärft die EU noch im Dezember 2020 ihr Klimaziel: Es sollen bis 2030 mindestens 55 Prozent weniger Treibhausgase ausgestoßen werden als 1990. Die Bundeskanzlerin ist für dieses Ziel in der EU eingetreten.
Der Kampf gegen den Klimawandel ist immer noch das Thema der Zukunft. Es muss noch sehr viel passieren. Die Regierungen in aller Welt müssen schnell handeln.

[11]**der Green Deal:** „grüne" Vereinbarung der EU-Länder, um die Umwelt zu retten

## Flüchtlingspolitik

Das Jahr 2015 ist ein Jahr, das Angela Merkel nie vergessen wird. Es ist das Jahr, in dem der Krieg in Syrien immer schlimmer wird. Viele Menschen sehen nur noch eine Chance: Fliehen.

Bis zum Sommer 2015 haben fast vier Millionen Menschen aus Syrien ihr Land verlassen. Doch auch aus anderen Ländern fliehen Menschen, zum Beispiel aus Eritrea, dem Irak und dem Jemen. Außerdem sind Menschen im Norden Afrikas ohne Hoffnung. Auch sie verlassen ihre Heimat.

Obwohl die Lage auf der Welt bekannt ist, sind die Länder in Europa nicht auf die Flucht der Menschen vorbereitet. Deutschland will eine europäische Lösung. Die Regierung will, dass sich alle EU-Länder für diese Menschen einsetzen.

Der Innenminister Thomas de Maizière rechnet im Sommer 2015 mit 800 000 Menschen, die bis Ende des Jahres nach Deutschland kommen. Das sind viel mehr Menschen als in den Jahren zuvor.

Es gibt das Abkommen[12] von Dublin. Das bedeutet: Ein Geflüchteter muss in dem Land Asyl beantragen, das er in Europa als Erstes betreten hat. Dieses Abkommen wird für Menschen aus Syrien nicht mehr angewendet. Dadurch sollen Länder wie Italien oder Griechenland nicht so stark belastet werden. Denn dort kommen die Menschen an, die übers Mittelmeer[13] fliehen.

Eine gemeinsame Flüchtlingspolitik in der EU gibt es nicht. Doch die Bundeskanzlerin ist sich sicher: „Wir schaffen das." Diesen Satz sagt sie und alle Zeitungen drucken ihn ab.

„Wir schaffen das" wird Angela Merkels Spruch. Die Bundeskanzlerin ist überzeugt von diesem Satz. Sie glaubt daran, dass Deutschland es schaffen kann.

An einem Abend im September 2015 meldet Ungarn, dass die Situation dort nicht mehr unter Kontrolle ist. Angela Merkel

[12] **das Abkommen:** Vereinbarung, Vertrag
[13] **das Mittelmeer:** Meer zwischen Afrika und Europa

2015: Boot mit Geflüchteten vor der griechischen Insel Lesbos

stimmt zu, dass die Menschen nach Deutschland kommen sollen. Fast 20 000 Geflüchtete kommen danach in Deutschland an. Die SPD sagt dazu „Ja". Doch zwischen der CSU und der Bundeskanzlerin gibt es später Streit.

Für die CSU ist die Entscheidung von Angela Merkel ein Fehler. Die CSU will, dass nur eine bestimmte Anzahl an Geflüchteten nach Deutschland kommen darf. Angela Merkel sieht das nicht so. Sie will keine Zahl festlegen.

Angela Merkel sucht immer noch eine Lösung mit allen Ländern in der EU. Sie will keine Mauern um Europa bauen. Und sie will auch nicht zugucken, wie Menschen ohne Heimat bleiben.

Viele Menschen in Deutschland begrüßen die Geflüchteten am Bahnhof. Sie sagen: „Herzlich willkommen!" Sie wollen helfen, dass es den Geflüchteten in Deutschland gut geht. Sie helfen ehrenamtlich[14]. Die Freundlichkeit geht um die Welt. Viele sind stolz, dass Deutschland und seine Kanzlerin so menschlich handeln.

Doch es gibt auch die anderen Deutschen. Menschen, die keine Geflüchteten in Deutschland haben wollen. Im Jahr 2015 gibt es

[14]**ehrenamtlich:** ohne Bezahlung, freiwillig

an die 1000 Angriffe[15] auf die Unterkünfte[16] der Geflüchteten. Los geht es schon, als die Geflüchteten gerade in Deutschland ankommen. Dabei werden auch Geflüchtete verletzt.
Anfang 2016 schließen einige Länder ihre Grenzen, zum Beispiel Slowenien und Kroatien. So kommen die Geflüchteten nicht mehr nach Österreich oder Deutschland. Angela Merkel sagt: „Das ist nicht mein Europa." Andere meinen, dass auch Deutschland keine Geflüchteten mehr ins Land lassen darf.
Im Frühling 2016 schließt die EU einen Vertrag mit der Türkei. Hintergrund ist, dass viele Menschen ohne rechtliche Grundlage in die EU einreisen wollen. Der Vertrag soll auch das Schmuggeln[17] von Menschen verhindern. Der Vertrag sagt unter anderem, dass Geflüchtete wieder zurück in die Türkei geschickt werden dürfen. Dafür bekommt die Türkei von Europa Geld für die Geflüchteten. Außerdem verspricht die EU der Türkei, schneller über einen Beitritt in die EU zu verhandeln.
Leute, die sich für Menschenrechte[18] einsetzten, können das nicht glauben. Sie finden das Verhalten der EU schlimm. Und sie haben Angst, dass das Recht auf Asyl verletzt wird.
2013 gründet sich in Deutschland eine neue Partei: die Alternative für Deutschland (AfD). Bei mehreren Wahlen hat sie Erfolg und kommt 2017 in den Bundestag. Sie steht am rechten Rand[19]. Diese Partei will nicht so viele Geflüchtete in Deutschland haben. Sie hetzt[20] gegen die Flüchtlingspolitik von Angela Merkel. Und sie

[15]**der Angriff:** wenn man beginnt, gegen jmd. zu kämpfen, hier z. B. ein Feuer legen oder mit Steinen werfen
[16]**die Unterkunft:** Ort, wo man leben kann, bis man eine eigene Wohnung/ein eigenes Haus hat
[17]**schmuggeln:** etwas illegal über die Grenze in ein anderes Land bringen
[18]**die Menschenrechte:** Rechte, die alle Menschen haben, z. B. alle Menschen sind frei
[19]**der rechte Rand:** extrem konservative Parteien. Oft sind sie gegen Geflüchtete, Migrantinnen und Migranten (= Menschen, die ihre Heimat verlassen und in einem anderen Land leben) sowie Menschen mit Einwanderungsgeschichte (= Menschen, die in Deutschland geboren sind und leben, deren Eltern oder Großeltern aber aus einem anderen Land kommen)
[20]**hetzen:** Propaganda machen

fordert, dass keine Geflüchteten mehr nach Deutschland kommen dürfen.
Aber auch Kollegen von Angela Merkel sind mit ihrer Politik nicht mehr einverstanden. 2017 lässt sich Angela Merkel darauf ein, dass bis zu 200.000 Geflüchtete im Jahr nach Deutschland kommen dürfen.
Zum Ende ihrer Zeit als Kanzlerin bekommt das Thema Geflüchtete noch einmal große Bedeutung. Denn die Zustände in den Lagern für Geflüchtete am Mittelmeer sind sehr schlimm. Als ein Lager auf der griechischen Insel Lesbos brennt, geht es erneut darum, wie man mit den Geflüchteten umgehen soll. Dieses Mal ist Angela Merkel zurückhaltender. Noch immer wünscht sie sich eine europäische Einigung, eine gemeinsame Migrationspolitik.

## Die Corona-Pandemie

Im September 2021 wird der Bundestag neu gewählt. Angela Merkel möchte nach 16 Jahren keine Kanzlerin mehr sein.

Eigentlich könnte sie sich so langsam auf ihren Ruhestand[21] vorbereiten. Doch Anfang 2020 wird alles anders - nicht nur in Deutschland, sondern auf der ganzen Welt! Im Januar erreicht das Coronavirus (COVID-19 oder SARS-CoV-2) Deutschland. Ein Virus, das noch niemand kennt und das zum Tod führen kann. Spätestens Ende Februar wird klar: Das Coronavirus wird uns lange beschäftigen.

Wieder wird Angela Merkel die „Kanzlerin der Krise". Ende Februar treffen sich Politikerinnen und Politiker der Regierung das erste Mal, um sich zu beraten. Schließlich werden große Veranstaltungen verboten.

Anfang März gibt es die ersten Fälle der neuen Krankheit in Deutschland. Erstmals stirbt ein Deutscher an dem Virus. Schon Mitte des Monats sagte die Weltgesundheitsorganisation[22]: „Wir haben eine Pandemie[23]."

Da wird Angela Merkel und ihren Kolleginnen und Kollegen klar: „Wir müssen handeln." Kindergärten, Schulen und Universitäten schließen. Auch Bars, Restaurants und Geschäfte müssen schließen. Nur Supermärkte bleiben offen. Viele Menschen können nicht mehr arbeiten oder dürfen nur noch zu Hause arbeiten. Und sie dürfen nicht mehr in den Sportverein, nicht ins Kino oder Theater, sich nicht mehr mit Freunden treffen und auch nicht verreisen. Kinder sollen ihre Großeltern nicht mehr besuchen. Auch die Kirchen, Moscheen und Synagogen müssen schließen. Gottesdienste müssen im Internet gefeiert werden.

[21]**der Ruhestand:** Zeit im Alter, wenn man nicht mehr arbeiten muss
[22]**die Weltgesundheitsorganisation (engl. World Health Organization, kurz: WHO):** Organisation, die gegen Krankheiten kämpft und daran arbeitet, dass alle Menschen auf der Welt gesund leben können
[23]**die Pandemie:** weltweite Krankheit

Die Bundeskanzlerin arbeitet eng mit dem Minister für Gesundheit, Jens Spahn, zusammen. Und mit den Politikerinnen und Politikern der 16 Bundesländer. Außerdem beraten Forscher und Ärzte die Regierung.
So viele Verbote kennen die Deutschen bisher nicht. Angela Merkel ist sehr klar, was das bedeutet. Sie hat ihre Herkunft wieder im Kopf: die DDR, in der sie auch vieles nicht durfte. Ihr ist Freiheit sehr wichtig.
Und jetzt muss sie den Menschen die Freiheit nehmen, um sie vor dem Virus zu schützen. Das ist eine große Aufgabe für eine Frau, die aus der DDR kommt. Doch es geht vor allem darum, dass nicht zu viele Menschen gleichzeitig ins Krankenhaus kommen. Denn nur so können die Ärzte alle kranken Menschen gut behandeln.
Das Leben steht still in Deutschland - auch in anderen Ländern. Erst Ende April kann man wieder in allen Geschäften einkaufen. Dafür braucht es jedoch Konzepte.
Es wird beschlossen, einen Mundschutz[24] zu tragen, zum Beispiel in Geschäften oder im Bus und in der Bahn. Der Mundschutz soll die Menschen schützen.
Vor den Sommerferien gehen die Kinder nur noch einige Tage in die Schule. Ansonsten lernen sie auf Distanz über das Internet. Auch das findet Angela Merkel schlimm, aber notwendig.
Sie muss mit ihren Kolleginnen und Kollegen aus den Bundesländern alle diese Entscheidungen treffen. Denn sie will die Gesundheit der Menschen schützen. Gerade als Frau, die aus der Forschung kommt, weiß sie, wie schnell sich ein Virus verbreiten kann. Es sind schon Ende April 200 000 Menschen auf der Welt gestorben.
Die Verbote wegen Corona betreffen aber nicht nur die Gesellschaft, sondern auch die Wirtschaft. Menschen verlieren ihre

[24]**der Mundschutz:** Maske für Mund und Nase, zum Beispiel aus Stoff

Arbeit. Unternehmen verdienen viel weniger. Geschäfte müssen für immer schließen. Auch Menschen, die in der Kultur[25] arbeiten, sind stark betroffen.

Die Regierung beschließt Hilfen, um die Wirtschaft zu unterstützen. Im Juni wird außerdem die Steuer gesenkt. Und für Menschen mit Kindern gibt es Geld vom Staat.

In vielen Ländern, auch in Deutschland, arbeiten Forscher an einem Impfstoff[26] und an Medikamenten gegen das Corona-Virus.

Viele Menschen sind zufrieden mit Angela Merkels Politik während der Corona-Pandemie, obwohl die Zeit für Deutschland schwierig ist. Einige können ihre Politik und die Politik der Regierung aber nicht verstehen. Sie demonstrieren gegen die Verbote.

Ein Blick auf die Zahlen im Sommer 2020 zeigt: Deutschland hat die Pandemie, was die Gesundheit angeht, bis jetzt gut gemeistert. Die Verbote helfen, es gibt weniger Kranke.

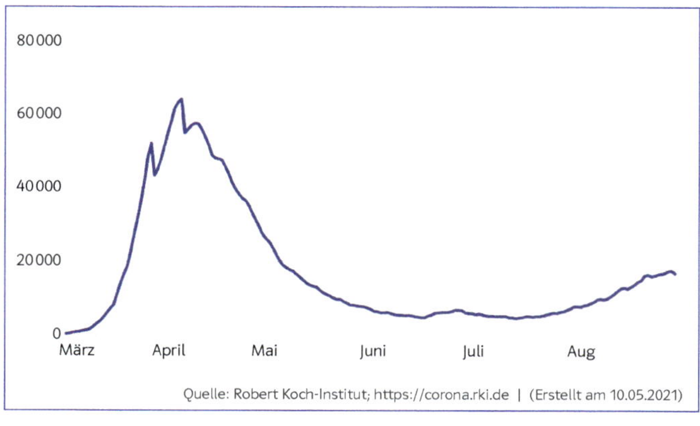


COVID-19-Kranke in Deutschland bis 31.08.2020

[25]**die Kultur:** Theater, Film, Literatur, Musik, Kunst
[26]**der Impfstoff:** Vakzine, sorgt dafür, dass man eine Krankheit nicht bekommen kann

Weil weniger Menschen das Virus bekommen, werden nach und nach die Verbote gelockert. Bald öffnen wieder Cafés und Restaurants und man darf auch wieder verreisen.
Überall wo Menschen jetzt zusammenkommen – im Büro, in der Schule und in der Universität, im Supermarkt, im Café oder im Restaurant – gelten die AHA-Regeln:

- **A**bstand zueinander halten (wenigstens 1,5 Meter),
- **H**ygiene beachten und
- eine **A**lltagsmaske tragen.

Doch die Pandemie ist noch lange nicht vorüber. Und das Leben ist nicht wieder so wie früher. Das wird ab Oktober sehr deutlich: Die Zahl der Coronakranken steigt sehr stark. Und vor allem steigt auch die Zahl der Menschen, die ins Krankenhaus müssen und sogar sterben. Und es gibt veränderte Viren, die sich schneller verbreiten. Die Lage ist sehr ernst.
Also gibt es ab Anfang November wieder schrittweise Verbote. Mitte Dezember ist es wieder so wie im März und im April: Alle müssen zu Hause bleiben! Aber zum Ende des Jahres gibt es Hoffnung: Es gibt die ersten wirksamen Impfstoffe gegen das Coronavirus und ab 2021 können die ersten Menschen in Deutschland geimpft werden.
Trotzdem beschäftigt die Pandemie das Land noch lange. Es gibt immer wieder Rückschläge.

# Übungen zum Leseverstehen

**Die Kanzlerin der Krisen**

**1. Wie nennen viele Leute Angela Merkel?**

________________________________________

________________________________________

**2. Was trifft auf Angela Merkel zu, was trifft nicht zu. Kreuze an.**

| | trifft zu | trifft nicht zu |
|---|---|---|
| **a)** Sie denkt klar. | ☐ | ☐ |
| **b)** Sie beobachtet und prüft. | ☐ | ☐ |
| **c)** Sie denkt nicht nach und handelt zu schnell. | ☐ | ☐ |
| **d)** Sie denkt wie eine Naturwissenschaftlerin. | ☐ | ☐ |
| **e)** Sie versucht, Dinge richtig einzuschätzen. | ☐ | ☐ |
| **f)** Sie bleibt ruhig. | ☐ | ☐ |
| **g)** Sie lässt sich nur von ihren Gefühlen leiten. | ☐ | ☐ |
| **h)** Sie kann schnell handeln, wenn es nötig ist. | ☐ | ☐ |

## Die Finanzkrise

**1. Ergänze die Wörter.**

Abwrackprämie | Arbeitslosigkeit | Autohersteller | Banken | Branchen | Kurzarbeit | Regierung | Rettungspakete | den USA | Wirtschaft

Die Finanzkrise beginnt 2008 in ________________ (1).

________________ (2) geht es schlecht – auch in Deutschland.

Die deutsche ________________ (3) muss handeln. Es gibt

________________ (4). Auch der ________________ (5) in

Deutschland geht es schlecht. Es droht ________________ (6).

Deshalb baut die deutsche Regierung die ________________ (7)

aus. Die Finanzkrise trifft viele ________________ (8) in

Deutschland. Besonders leiden die deutschen ____________ (9).

Es gibt die ________________ (10).

**2. Wie nennt man die Finanzkrise noch?**

________________________________________________

________________________________________________

## Die Eurokrise

**1. Was ist der Euro? Kreuze an.**

**A** eine Abkürzung (= kurzes Wort) für Europa

**B** das gemeinsame Geld der Länder in der Europäischen Union

**C** ein Lieder-Wettbewerb

**2. a) Welche fünf Länder muss die EU retten? Kreuze an.**

**1** Deutschland
**2** Frankreich
**3** Griechenland
**4** Irland
**5** Österreich
**6** Portugal
**7** Slowenien
**8** Spanien
**9** Zypern

**b) Male diese fünf Länder in der Karte aus.**
ACHTUNG: Ein Land ist nicht auf der Karte. Welches?

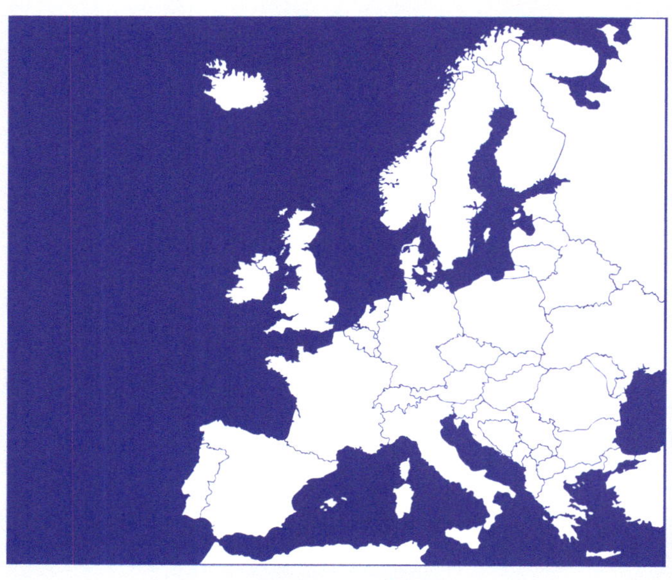

**Die Klimakanzlerin**

**1. Was sind erneuerbare Quellen? Kreuze an.**

**A** Biomasse

**B** Kernkraft

**C** Öl

**D** Wasser

**E** Gas

**F** Kohle

**G** Sonne

**H** Wind

**2. Erkläre in einem Satz, was „Fridays for Future“ ist.**

______________________________________________

______________________________________________

**Die Flüchtlingspolitik**

**Was sagt Angela Merkel, als 2015 viele Menschen nach Deutschland fliehen? Kreuze an.**

**A** „Das wird anstrengend.“

**B** „Wir schaffen das.“

**C** „Ich möchte das nicht entscheiden.“

**D** „Ich hoffe, es kommen nicht so viele Flüchtlinge.“

## Die Corona-Pandemie

**1. In jedem Satz stimmt etwas nicht! Korrigiere mit Hilfe der Graphik auf S. 44 die Sätze. Streiche das falsche Wort durch und schreibe das richtige Wort hinter den Satz.**

**a)** Sehr viele Menschen in Deutschland hatten im April 2020 Grippe. ____________________

**b)** Die meisten Menschen (64.318) waren im Juni 2020 krank.

____________________

**c)** Im Sommer (Juni, Juli, August) waren mehr Menschen krank als im Frühling (März, April, Mai). ____________________

**2. Welche Überschrift (A–C) passt zu welchem Textabschnitt (1–3)? Ordne zu und schreibe den richtigen Buchstaben in das Kästchen neben dem Text.**

**A** Schwere Entscheidungen

**B** Es gibt Hoffnung

**C** Am Ende gibt es noch mal viel zu tun

☐ **1** Im September 2021 wird der Bundestag neu gewählt. Angela Merkel möchte nach 16 Jahren keine Kanzlerin mehr sein.
Eigentlich könnte sie sich so langsam auf ihren Ruhestand vorbereiten. Doch Anfang 2020 wird alles anders – nicht nur in Deutschland, sondern auf der ganzen Welt! Im Januar erreicht das Corona-Virus (COVID-19 oder SARS-CoV-2) Deutschland.

☐ **2** So viele Verbote kennen die Deutschen bisher nicht. Angela Merkel ist sehr klar, was das bedeutet. Sie hat ihre Herkunft wieder im Kopf: die DDR, in der sie auch vieles nicht durfte. Ihr ist Freiheit sehr wichtig.

☐ **3** In vielen Ländern, auch in Deutschland, arbeiten Forscher an einem Impfstoff und an Medikamenten gegen das Corona-Virus.

# Frauen in Deutschland

Angela Merkel ist für viele Frauen ein Vorbild[1]. Viele Frauen schätzen die Kanzlerin – auch wenn sie nicht die CDU wählen. Es war für viele Frauen ein Erfolg, dass eine Frau Kanzlerin geworden ist und so lange regiert hat. Angela Merkel ist keine Kanzlerin, die Frauenthemen in den Vordergrund stellt. Aber sie hat immer gezeigt, was Frauen schaffen können. Auch im 21. Jahrhundert ist es nicht selbstverständlich, dass Frauen eine solche Rolle einnehmen. Frauen in der Politik, Frauen, die Unternehmen leiten, Frauen in typisch „männlichen" Berufen, wie zum Beispiel Malerin, Maurerin oder Mechatronikerin[2]. Daher war es für die Frauen in Deutschland ein wichtiges Zeichen, dass 2005 erstmals eine Frau das Amt der Kanzlerin übernommen hat.

## Frauen in der Politik

Mit Angela Merkel als Kanzlerin kommen später auch andere Frauen in der Bundespolitik an die Macht. Einige Beispiele sind Annegret Kramp-Karrenbauer, die von 2018 bis 2021 Chefin der CDU war. Oder Ursula von der Leyen, die seit 2019 Präsidentin der EU-Kommission ist.

Auch die SPD hatte zwischendurch eine Chefin: Andrea Nahles. Bei den Grünen gibt es immer zwei Menschen, die die Partei leiten: Mindestens eine Person muss eine Frau sein.

Ist die Politik also weiblicher geworden? Auf den ersten Blick vielleicht, auf den zweiten Blick nicht unbedingt. 2021 wird der Bundestag neu gewählt. Bei Angela Merkels Partei, der CDU, gibt es einen männlichen Kandidaten, der Kanzler werden möchte. Bei der SPD ebenfalls. Nur bei den Grünen gibt es eine weibliche Kandidatin.

[1]**das Vorbild:** jmd., der ein positives Beispiel ist; jmd., den man bewundert
[2]**die Mechatronikerin:** baut Maschinen zusammen, überprüft und repariert sie

Schaut man sich an, wie viele Männer und wie viele Frauen im Jahr 2021 im Bundestag sind, zeigt sich: Es gibt mehr Männer. Nur zirka ein Drittel (31,4 %) der Politiker sind Frauen. Das sind sogar weniger als noch im Jahr 2013 (37,3 %). Nur bei den Parteien Die Linke und Die Grünen gibt es mehr weibliche Abgeordnete[3] als männliche. Dort sind über die Hälfte der Abgeordneten eine Frau.

| | Männer | Frauen | gesamt |
|---|---|---|---|
| CDU/CSU | 195 | 51 | 246 |
| SPD | 85 | 67 | 152 |
| AfD | 79 | 9 | 88 |
| FDP | 61 | 19 | 80 |
| Die Linke | 32 | 37 | 69 |
| Die Grünen | 29 | 38 | 67 |
| fraktionslos[4] | 5 | 2 | 7 |

Quelle: Kürschner Volkshandbuch | Stand: Januar 2021

In der Regierung gibt es neun Minister und sechs Ministerinnen. Hier machen die Frauen nicht die Hälfte aus.
Auch in den Städten sind weniger Frauen als Männer in der Politik. Es gibt nur sehr wenige Bürgermeisterinnen[5]: Nur neun Prozent aller Menschen in diesem Amt sind im Jahr 2020 weiblich. In größeren Städten ist der Anteil sogar noch niedriger. Das ist kein gutes Zeichen, denn die Kommunalpolitik[6] ist besonders nah dran an den Bürgerinnen und Bürgern. Da ist es nicht gut, wenn nur so wenige Frauen Bürgermeisterin sind.
Eine Studie zeigt: Zum einen ist es immer noch schwierig Familie und das Amt als Bürgermeisterin zu vereinbaren. Zum anderen ist nicht jeder Mann in der Kommunalpolitik froh, weibliche Konkurrenz zu haben.

[3]**der Abgeordnete:** Mitglied im Parlament
[4]**fraktionslos:** man gehört keiner Partei an
[5]**die Bürgermeisterin:** Chefin einer Stadt
[6]**die Kommunalpolitik:** Politik in den Städten und Gemeinden

Frauen haben es also schwer, weil sie immer noch mehr Arbeit für die Familie leisten und sich gegen die Männer in der Kommunalpolitik durchzusetzen müssen. Frauen in der Politik werden sogar eher beleidigt oder sogar auch bedroht als Männer in der Politik. Viele Frauen sind sich sicher: Ihre politische Karriere wäre anders verlaufen, wenn sie ein Mann gewesen wären.
Da viele Bürgermeister nicht mehr jung sind, wäre jetzt die Chance für mehr Frauen als Bürgermeisterinnen. Was helfen könnte:

- digitale Besprechungen, denn nicht immer ist es wichtig, dass alle vor Ort dabei sind
- Vereinbarkeit von Familie und Beruf erleichtern, vor allem auch auf dem Land
- Vorbilder zeigen
- gezielte Förderung von Frauen in der Politik
- bessere Netzwerke der Frauen
- Strukturen in den Parteien ändern

## Frauen und Arbeit

Auch im Beruf gibt es Unterschiede zwischen Männern und Frauen. In Deutschland arbeiteten im Jahr 2019 knapp 47 Prozent der Frauen, so das Statistische Bundesamt[7]. Da knapp 51 Prozent der Bevölkerung weiblich sind, arbeiten weniger Frauen als Männer. Doch der Abstand zu den Männern wird geringer: 1999 waren nur knapp 44 Prozent der Frauen berufstätig.

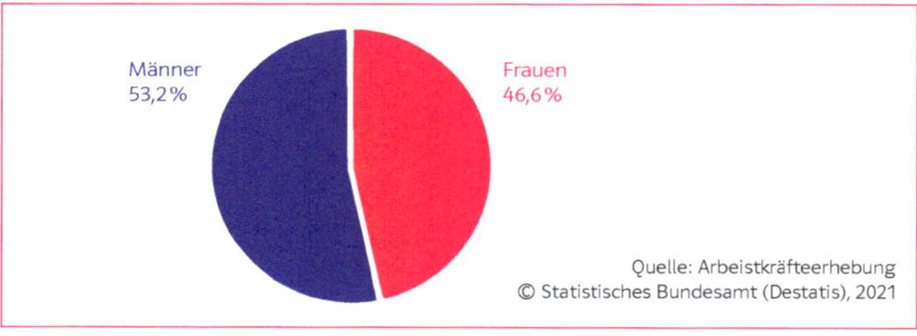


Anteil der Frauen im Jahr 2019, die arbeiten

Interessanter wird es, wie die Berufstätigkeit der Frauen genau aussieht: Nur rund 34 Prozent der Frauen arbeiten Vollzeit, also jeden Tag zirka acht Stunden. Die meisten Frauen arbeiten Teilzeit. Männer aber arbeiten weit häufiger Vollzeit.

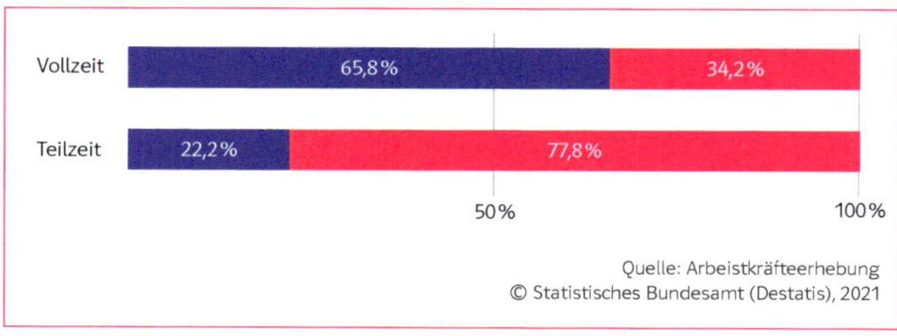


Anteil der Frauen in Voll- und Teilzeit im Jahr 2019

[7] **das Statistische Bundesamt:** Behörde, die Statistiken für Deutschland erstellt

Ein Grund dafür: Frauen sind oft stärker in die Arbeit rund um die Familie eingebunden. Sie sind da, wenn die Kinder aus der Schule oder dem Kindergarten kommen. Sie machen mehr im Haushalt. Oder sie pflegen ältere Familienmitglieder. Die Pflege von Verwandten übernehmen eher Frauen als Männer. Dann können die Frauen auch nur weniger arbeiten.

Frauen findet man besonders oft in bestimmten Berufen, zum Beispiel in Berufen im Büro, in kaufmännischen[8] Berufen oder in Berufen rund um Dienstleistungen[9]. Im Handwerk oder in der Industrie arbeiten Frauen weniger. Im Handwerk sind es nur rund 12 Prozent und in der Industrie knapp 14 Prozent.

Eine Handwerkerin bei der Arbeit

Besonders spannend ist: Wie viel verdienen Frauen in Deutschland im Vergleich zu Männern? Laut Statistischem Bundesamt haben Frauen im Jahr 2020 18 Prozent weniger als Männer verdient.

In der privaten Wirtschaft verdienen Frauen häufiger weniger als Männer als im öffentlichen Dienst[10]. Im öffentlichen Dienst beträgt der Unterschied nur 7 Prozent.

Das ist natürlich insgesamt nur ein Durchschnitt. Hier werden alle Frauen und Männer verglichen, die arbeiten. Nicht jede Frau verdient weniger als ein Mann. Aber der Durchschnitt des Lohns pro Stunde ist bei Frauen fast ein Fünftel niedriger. Die Regierung möchte, dass dieser Abstand bis 2030 auf 10 Prozent sinkt.

Vergleicht man nur Männer und Frauen mit gleicher Ausbildung und ähnlichem Beruf, verdienen Frauen auch weniger: 6 Prozent.

[8] **kaufmännisch:** hat mit Kaufen und Verkaufen zu tun
[9] **die Dienstleitung:** Arbeit, bei der nichts produziert wird (zum Beispiel Haare schneiden)
[10] **der öffentliche Dienst:** Arbeit beim Staat, bei der Stadt u. Ä.

Im Osten Deutschlands sind die Unterschiede geringer als im Westen.
Wie hoch der Abstand in der Bezahlung genau ist, hängt auch von der Branche[11] ab. Besonders hoch ist der Unterschied zum Beispiel in den Branchen Wissenschaft und Technik, Information und Kommunikation, aber auch in der Kunst oder in der Unterhaltungsbranche[12]. In diesen Branchen kann der Unterschied sogar mehr als ein Viertel betragen, so das Statistische Bundesamt.
Dort wo mehr Männer als Frauen arbeiten, verdienen Frauen oft viel weniger, zum Beispiel bei der Reparatur von Autos oder beim Bauen.
Man nennt die Tatsache, dass Frauen weniger verdienen als Männer, auch „Gender Pay Gap". Das ist ein englischer Begriff. Er bedeutet: Unterschied im Verdienst, abhängig vom Geschlecht.
Angela Merkel ist nicht nur ein weibliches Vorbild in der Politik. Auch ihr Studienfach ist ungewöhnlich: Sie hat Physik studiert. Zu der Zeit, als sie studiert hat, hat dieses Studienfach noch als „Männerfach" gegolten. Also ein Studienfach, das mehr Männer als Frauen studiert haben.

KfZ[13]-Mechatronikerin

Man spricht auch von „Männerberufen". Das sind Berufe, in denen mehr Männer als Frauen arbeiten. Vor allem sind es Berufe in der Technik, in der Informatik[14] und rund um die Naturwissenschaften
Doch der Begriff „Männerberufe" ist nicht gut. Denn er sorgt dafür, dass Frauen denken, ein solcher Beruf sei nichts für sie.

[11]**die Branche:** Bereich
[12]**die Unterhaltungsbranche:** Film und Fernsehen, Musik etc.
[13]**KfZ (kurz für: Kraftfahrzeug):** Auto, Bus, Motorrad etc.
[14]**die Informatik:** alles mit Computern

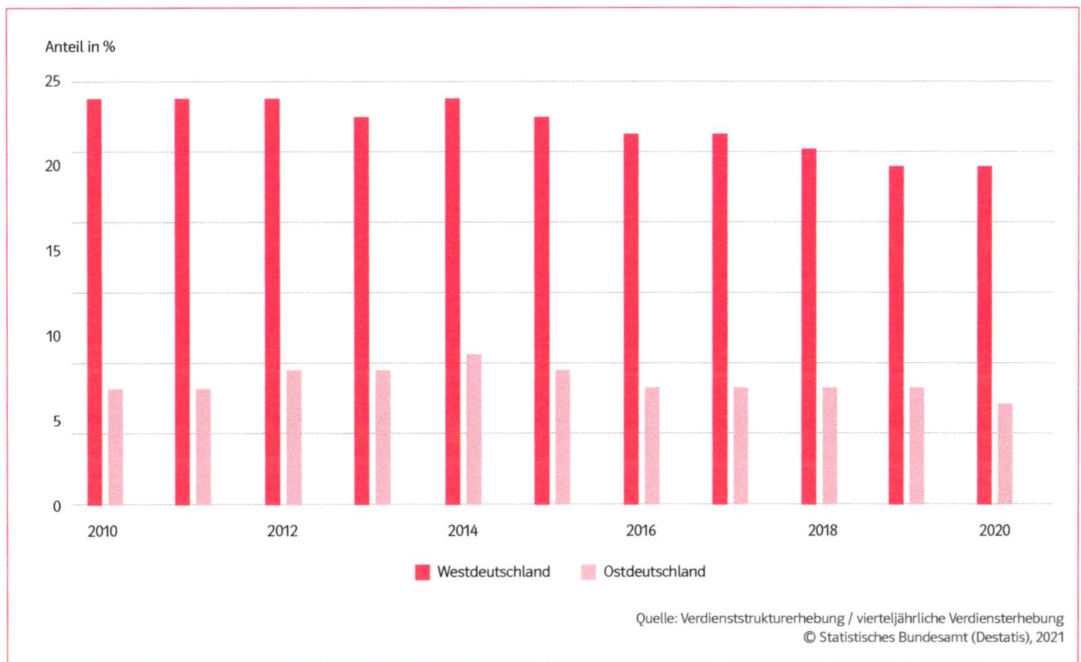


Gender Pay Gap

Dabei gibt es keinen Beruf, in dem Frauen nicht arbeiten können. Und es gibt auch keinen Beruf, der nicht zu einem Mann passt.
Im Artikel[15] 12 des Grundgesetzes der Bundesrepublik Deutschland steht: Alle Menschen dürfen ihre Ausbildung und ihren Beruf frei wählen. Und im Artikel 3 steht: Männer und Frauen haben die gleichen Rechte. Das heißt: Männer und Frauen dürfen sich ihre Arbeit aussuchen.
Der Anteil der Männer in Berufen rund um Technik ist immer noch sehr hoch. 2018 arbeiteten fast zwei Millionen Männer in der Maschinentechnik[16] und der Fahrzeugtechnik[17]. Der Anteil der Männer in dieser Branche liegt bei 89 Prozent. Nur 11 Prozent sind Frauen. Auch im Bereich der Informationstechnik[18] arbeiten viel mehr Männer als Frauen – nämlich 85 Prozent.
Der niedrige Anteil an Frauen in diesen Berufen ist seit vielen Jahren gleich. Umgekehrt sind weniger Männer in Berufen rund um Pflege und Erziehung, zum Beispiel Krankenschwester oder Erzieherin. Das sind Berufe, die eher schlechter bezahlt werden.

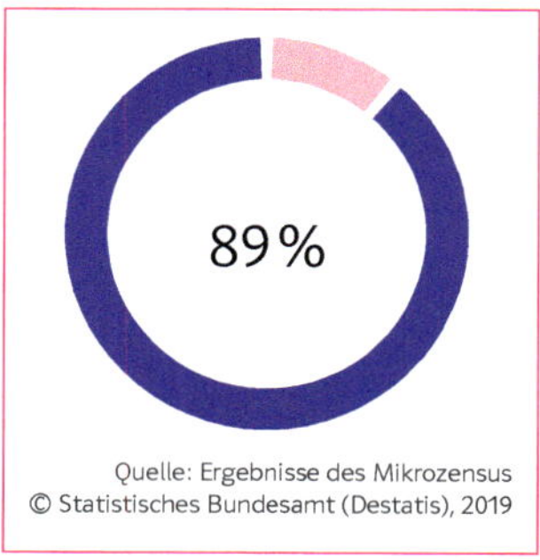


Anteil von Männern in der Maschinen- und Fahrzeugtechnik im Jahr 2018

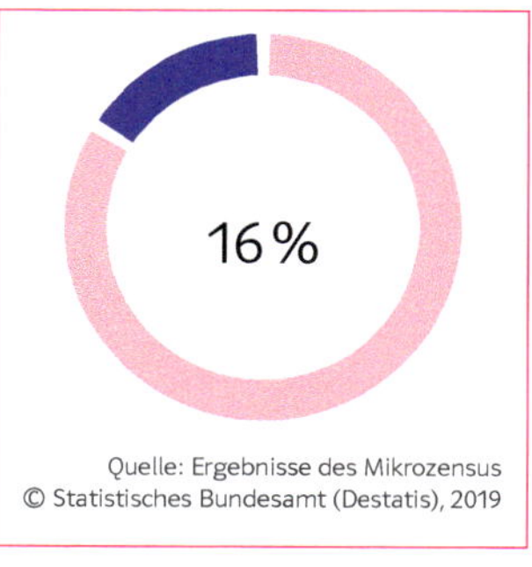


Anteil von Männern in der Altenpflege im Jahr 2018

[15]**der Artikel:** Absatz/Stelle in einem Gesetz
[16]**die Maschinentechnik:** Arbeit mit Maschinen
[17]**die Fahrzeugtechnik:** Arbeit mit Autos und Fahrzeugen
[18]**die Informationstechnik (kurz: IT):** Arbeit mit Computern

Die damalige Ministerin für Familie, Senioren[19], Frauen und Jugend, Franziska Giffey, meint 2018: „Es gibt keine Frauenberufe oder Männerberufe, aber viele Zukunftsberufe." Viele Menschen arbeiten daran, die Vorurteile[20] bei der Wahl eines Berufes abzubauen.

Doch auch 2021 ist es immer noch so, dass junge Frauen sich weniger für ein Studium in der Technik oder in der Naturwissenschaft entscheiden. Das gilt vor allem für Fächer wie Physik, Informatik, Elektrotechnik, Fahrzeugtechnik oder Maschinentechnik.

| Studium | Wintersemester 2019/2020 | |
|---|---|---|
| | insgesamt | davon Studentinnen |
| Technik | 774.687 | 185.992 |
| Naturwissenschaften | 322.086 | 158.482 |

Quelle: Statistisches Bundesamt | Stand: 17. September 2020

Diese Zahlen sind besonders interessant, weil in den letzten Jahren mindestens ebenso viele Frauen wie Männer mit einem Studium begonnen haben. Das heißt: Es studieren viele Frauen. Aber sie wählen oft andere Studienfächer als Männer. Obwohl diese Studienfächer oft gute Aussichten auf einen Arbeitsplatz bieten.

An vielen Universitäten gibt es Projekte, um Mädchen für Naturwissenschaft und Technik zu begeistern. So finden zum Beispiel in den Ferien Kurse für Mädchen statt. Dort können sie Fächer rund um Naturwissenschaft und Technik kennenlernen. Sie treffen auch Frauen, die naturwissenschaftliche und technische Fächer studieren. Diese Vorbilder sind ganz wichtig.

In einigen technischen und naturwissenschaftlichen Fächern haben Frauen in den letzten Jahren aufgeholt. Vielleicht liegt das an diesen Bemühungen.

[19]**der Senior:** alter Mensch
[20]**das Vorurteil:** eine Meinung, die man hat, ohne sie überprüft zu haben

In Deutschland gibt es auch eine weitere Aktion für Schülerinnen: den Girls' Day. Und seit einiger Zeit auch den Boys' Day für Schüler. An diesem Mädchentag und diesem Jungentag schauen sich viele Schülerinnen und Schüler Berufe an. Bei den Mädchen sind es Berufe, in denen mehr Männer arbeiten. Bei den Jungen sind es Berufe, in denen mehr Frauen arbeiten.

Dort lernen sie auch Frauen bzw. Männer kennen, die in diesen Berufen arbeiten. Dadurch sollen Mädchen und Jungen lernen: Jede und jeder kann alle Berufe ausüben. Es ist egal, ob man ein Mädchen oder ein Junge ist. Das Geschlecht ist bei der Wahl eines Berufs nicht wichtig. .

## Frauen als Chefin

Frauen leiten weniger oft als Männer eine Abteilung in einem Unternehmen oder sogar ein ganzes Unternehmen. Weniger Frauen als Männer arbeiten also als Führungskraft[21].

2019 sind nur rund 30 Prozent aller Führungskräfte weiblich. Seit 1992 hat sich der Anteil von Frauen als Chefin nur wenig erhöht. Laut Statistischem Bundesamt hat Deutschland mit diesem Anteil weniger weibliche Führungskräfte als andere Länder in der EU. Der Durchschnitt liegt in der EU bei mehr als einem Drittel weiblicher Führungskräfte. Länder wie Lettland, Polen, Schweden oder Slowenien haben noch mehr Frauen als Chefin.

In der privaten Wirtschaft findet man ganz oben in Unternehmen

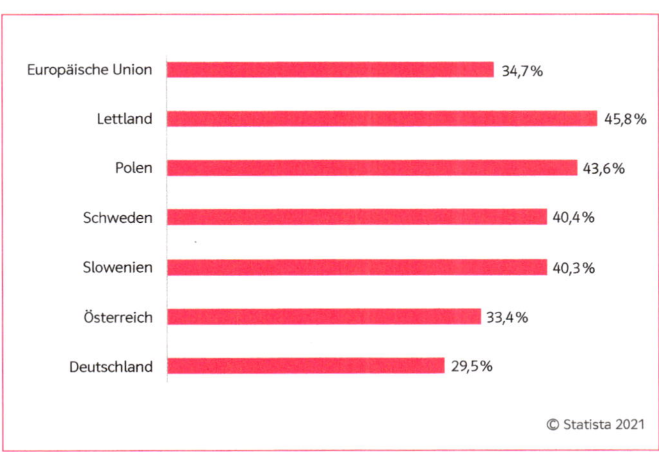


Anteil von Chefinnen in der EU und ausgewählter EU-Länder im Jahr 2019

nur rund ein Viertel weibliche Führungskräfte.

Das Institut für Arbeitsmarkt- und Berufsforschung (IAB)[22] unterscheidet drei Bereiche:

[21]**die Führungskraft:** Chef

[22]**das Institut für Arbeitsmarkt- und Berufsforschung (kurz: IAB):** Institut, das den Bereich Arbeit und Beruf untersucht

| | |
|---|---|
| Bereich 1 | Branchen, in denen Frauen eher Führungskräfte werden, zum Beispiel Bildung und Erziehung, Gastronomie, Einzelhandel[23], Soziale Arbeit |
| Bereich 2 | Branchen, in denen sowieso weniger Frauen als Männer arbeiten, zum Beispiel Naturwissenschaften und Technik |
| Bereich 3 | Branchen, in denen Frauen selten Führungskräfte werden, obwohl dort viele Frauen arbeiten, zum Beispiel Versicherungen |

Je größer ein Unternehmen ist, desto seltener wird eine Frau Führungskraft. In kleinen Betrieben haben Frauen eher die Chance. Interessant: Im Öffentlichen Dienst gibt es viele Maßnahmen, Frauen zu fördern. Dennoch sind auch hier nicht die Hälfte der Führungskräfte Frauen, so das IAB.

Der Mittelstand[24] ist in Deutschland wichtig für die Wirtschaft. Gerade dort finden sich nur wenige Frauen als Führungskräfte. Der Frauenanteil war sogar vor einigen Jahren schon einmal höher. Immerhin ist der Anteil 2019 und 2020 wieder etwas gestiegen.

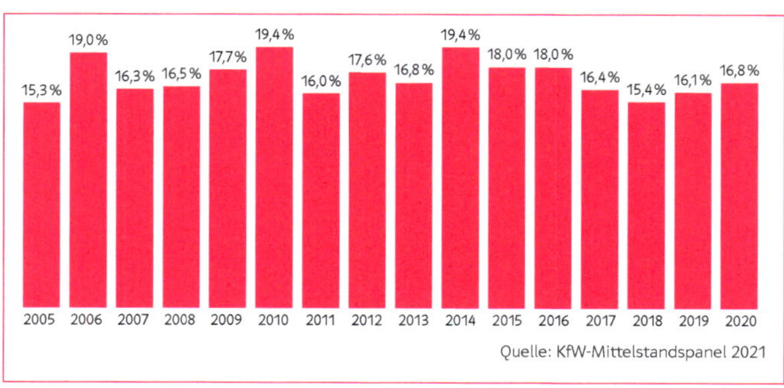


Anteil von Chefinnen im Mittelstand

[23]**der Einzelhandel:** Geschäfte, Verkauf
[24]**der Mittelstand:** Unternehmen, die weder klein noch groß sind

Warum ist es wichtig, dass mehr Frauen Führungskräfte werden? Frauen sind die Hälfte der Gesellschaft. Rund die Hälfte der Studierenden sind Frauen. Andere Frauen machen eine Ausbildung. Frauen haben oft gute Zeugnisse. Und die Unternehmen brauchen gut ausgebildete Menschen. In vielen Branchen gibt es einen Mangel an Fachkräften und Führungskräften.
Studien zeigen auch: Unternehmen, die Männern und Frauen gleiche Chancen bieten, stehen besser da. Gemischte Teams aus Männern und Frauen arbeiten besser. Und: Unternehmen haben nicht nur Kunden, sondern auch Kundinnen. Es ist wichtig, die Kundschaft auch im Unternehmen zu zeigen.
Zudem dürfen Frauen nicht benachteiligt werden. So steht es im Gesetz. Frauen müssen die gleichen Chancen bekommen wie Männer. Das ist eine gesellschaftliche Aufgabe.
Doch warum sind Frauen so selten Führungskraft? Man sagt: Frauen stoßen an eine Decke[25] aus Glas. Sie können das, was Männer auch können. Sie sehen das, was sie erreichen könnten. Aber dann ist da die Decke aus Glas, die sie stoppt.
In vielen Köpfen gibt es noch das Bild: Frauen und Führung passen nicht zusammen. Führen können nur Männer. Das ist jedoch ein Vorurteil.
Außerdem befürchten Unternehmen, dass gerade junge Frauen Kinder bekommen. Die Unternehmen haben Angst, dass die Frauen dadurch nicht lange als Führungskraft in dem Unternehmen arbeiten können. Sie gehen davon aus, dass sich Frauen immer noch mehr um die Familie kümmern als Männer.
Tatsächlich arbeiten Frauen öfter Teilzeit, weil sie so Familie und Arbeit vereinbaren. Auch hier gibt es ein Vorurteil: Teilzeit und Führung passen nicht zusammen. Denken Unternehmen an Führungskräfte, dann denken sie eher an Überstunden[26] als an Arbeit

[25]**die Decke:** schließt einen Raum nach oben hin ab
[26]**die Überstunde:** Arbeit, die man mehr macht, als man soll

in Teilzeit. Viele Unternehmen glauben, dass Frauen nicht so flexibel sind.
Zudem wählen Frauen oft Branchen, in denen es weniger Möglichkeiten für eine Karriere gibt. Und sie gehen öfter in kleinere Unternehmen als in große Unternehmen, die ihnen mehr Möglichkeiten bieten. Außerdem haben Männer häufig Netzwerke, die ihnen weiterhelfen. Frauen fehlen auch Vorbilder und sie gründen seltener ein Unternehmen als Männer. Sie sind seltener Existenzgründerinnen[27].
Da Frauen eher Frauen einstellen und so fördern, sind Gründungen durch Frauen wichtig. Denn je mehr Frauen Chefin sind, desto besser sind die Chancen für andere Frauen.

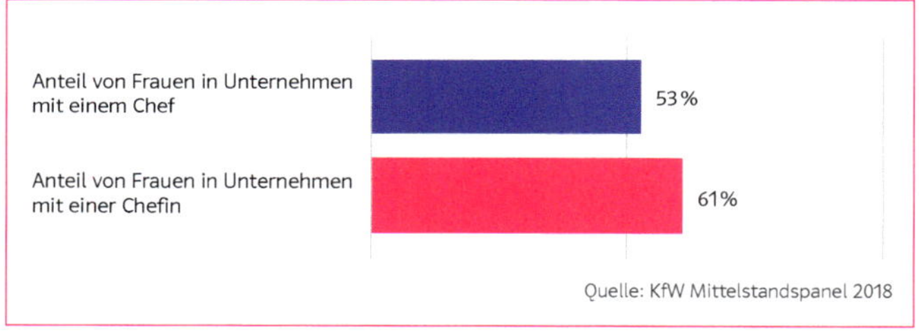


Der Anteil von Frauen in Unternehmern mit einem Chef und in Unternehmen mit einer Chefin

Führung hat kein Geschlecht: Frauen können genauso gut ein Unternehmen oder eine Abteilung in einem Unternehmen leiten wie Männer. Doch damit mehr Frauen Chefin werden, muss sich in der Gesellschaft einiges bewegen: nicht nur in den Köpfen der Unternehmer. Es muss allen klar sein: Nicht nur Frauen kümmern sich um die Familie und die Kinder, sondern auch Männer. Und es gibt nicht nur eine Art zu führen. Vieles geht heute auch online. Führung muss nicht heißen, zehn Stunden im Büro zu sitzen.

[27]**die Existenzgründerin:** Frau, die ein Unternehmen gründet und leitet

Das ist auch politisch angekommen. Die Politik versucht daher, die Gleichberechtigung im Beruf zu stärken. Angela Merkel meint: Wir sind vorangekommen, was die Gleichstellung angeht. Aber wir sind noch nicht angekommen. Und das, obwohl es seit 2015 ein neues Gesetz gibt: das Gesetz für die gleichberechtigte Teilhabe[28] von Männern und Frauen in Führungspositionen. Seit 2016 müssen mindestens 30 Prozent im Aufsichtsrat[29] in besonders großen Unternehmen mit Frauen besetzt werden. Dadurch hat sich etwas verändert.

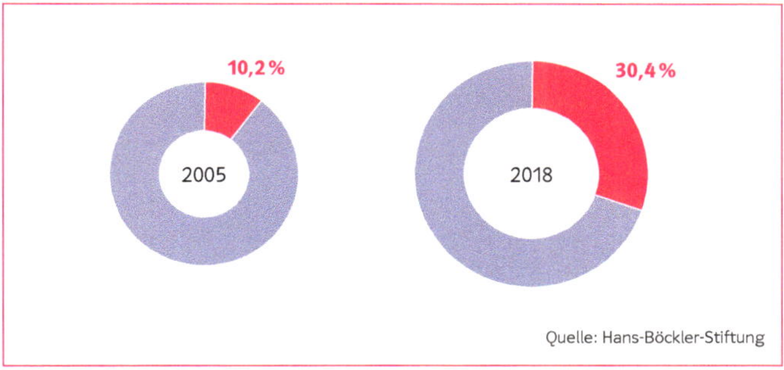


Anteil von Frauen in Aufsichtsräten im Jahr 2005 und im Jahr 2018

Außerdem müssen diese Unternehmen sich eigene Ziele setzen. Sie müssen festlegen, wie viel Prozent Frauen sie zum Beispiel als obere Führungskräfte und im Vorstand[30] einstellen möchte.
Während sich beim Aufsichtsrat etwas bewegt hat, gibt es bei den Vorständen sehr großer Unternehmen immer noch zu wenige Frauen. Manche großen Unternehmen haben gar keine Frau im Vorstand. Die ehemalige Ministerin für Familie, Senioren, Frauen und Jugend, Franziska Giffey, hat gesagt, dass sich freiwillig und ohne Druck durch die Politik zu wenig tut. Daher soll es ein Gesetz

[28] **die Teilhabe:** Teilnahme, man kann mitmachen und mitwirken
[29] **der Aufsichtsrat:** Gruppe von Menschen, die ein großes Unternehmen überwacht
[30] **der Vorstand:** Gruppe von Menschen, die ein großes Unternehmen leitet

für eine Frauenquote[31] in Vorständen geben. Es ist eine Überraschung, dass sich die Politik Ende 2020 auf einen ersten Entwurf dieses Gesetzes geeinigt hat.

Die Quote gilt bei besonders großen Unternehmen mit mindestens drei Personen im Vorstand. Mindestens ein Mitglied soll jetzt eine Frau sein. Auch in bestimmten Unternehmen des Bundes und in öffentlichen Unternehmen (zum Beispiel Krankenkassen) hat die Politik eine Quote für den Aufsichtsrat und den Vorstand vereinbart.

Es gibt auch Kritik an dem Gesetz. Manchen geht es nicht weit genug – auch weil es nur für sehr große Unternehmen gilt. Andere meinen, dass Gleichberechtigung im Jahr 2021 gelebt werden muss. Es soll nicht nur durch ein Gesetz verordnet werden.

[31]**die Frauenquote:** Anteil von Frauen, der festgelegt wird

## Von der Förderung der Frauen zur Vielfalt

Die Frauenquote ist eine Maßnahme, die Förderung der Frauen in den Unternehmen eine andere Maßnahme.

Beispiele für die Förderung von Frauen als Führungskräfte:

- Die Stelle als Chefin wird geteilt: Zwei Frauen teilen sich eine.
- Die Arbeitszeiten werden flexibel. Das hilft sowohl dem Unternehmen als auch den Frauen.
- Es gibt Maßnahmen, Familie und Beruf zu vereinbaren.
- Frauen, die ein Unternehmen gründen wollen, werden besonders unterstützt: Netzwerke für Gründerinnen werden aufgebaut, es gibt Zentren für Gründerinnen, mit Kindergärten.
- Erfahrene Chefinnen kümmern sich um Frauen, die gerne Chefin werden wollen. So haben diese oft jungen Frauen Vorbilder.

Immer mehr Unternehmen wünschen sich Vielfalt (Diversity). Hier geht es den Unternehmen nicht mehr nur darum, Frauen und Männer im Team zu haben und viele Chefinnen. Ziel ist: Das Unternehmen soll so vielfältig sein, wie die Gesellschaft.
Das heißt: Es gibt Männer, Frauen, Menschen, die sich keinem der beiden Geschlechter zugehörig fühlen, junge und alte Menschen, Menschen mit und ohne Behinderung, Migrantinnen und Migranten sowie Menschen mit Einwanderungsgeschichte. Denn all diese Menschen tragen etwas zum Erfolg eines Unternehmens bei.
Die Vielfalt ist eine große Chance: Auch die Kundinnen und Kunden der Unternehmen sind vielfältig. Je vielfältiger die Teams sind, desto besser kann sich ein Unternehmen auf die Kundinnen und Kunden einstellen. Jede und jeder von ihnen bringt Erfahrungen mit, die für alle wertvoll sind.

# Übungen zum Leseverstehen

**Frauen in der Politik**

1. **Wie viele Männer und wie viele Frauen sind im Deutschen Bundestag. Beschrifte die Graphik.**

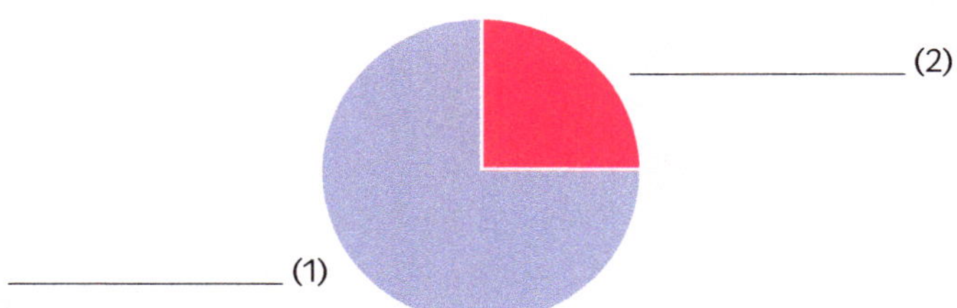


2. **Wie viele Minister und wie viele Ministerin sind in der Regierung. Beschrifte die Graphik.**

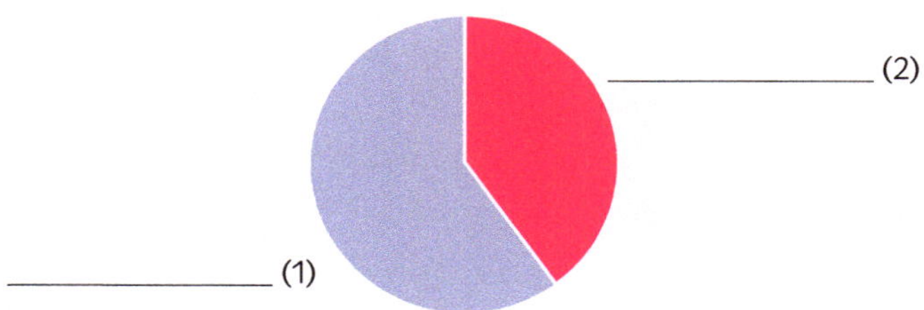


3. **Wie viele Bürgermeister und wie viele Bürgermeisterinnen sind in den Rathäusern? Beschrifte die Graphik.**

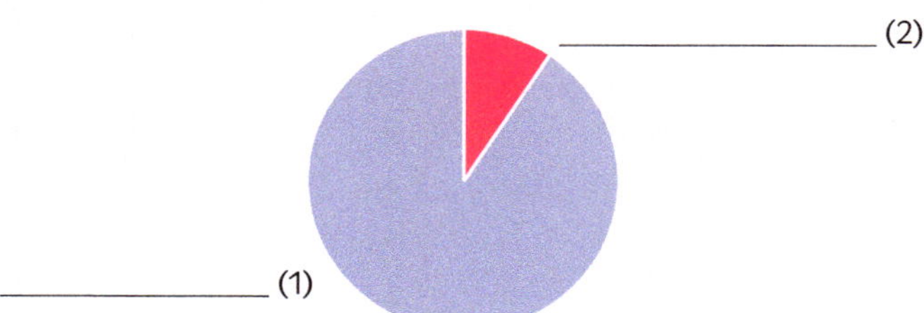

## Frauen und Arbeit

**1. Männer oder Frauen? Kreuze an.**

| | Frauen | Männer |
|---|---|---|
| **a)** Arbeiten insgesamt weniger. | ☐ | ☐ |
| **b)** Arbeiten meistens Vollzeit. | ☐ | ☐ |
| **c)** Arbeiten mehr Teilzeit. | ☐ | ☐ |
| **d)** Kümmern sich seltener um die Familie. | ☐ | ☐ |
| **e)** Verdienen weniger. | ☐ | ☐ |
| **f)** Arbeiten weniger im Handwerk oder in der Industrie. | ☐ | ☐ |
| **g)** Arbeiten mehr in naturwissenschaftlichen und technischen Berufen | ☐ | ☐ |
| **h)** Arbeiten weniger in Krankenhäusern und Altenheimen oder im Kindergarten und in der Schule. | ☐ | ☐ |

**2. Was ist richtig (✓) und was ist falsch (×)? Kreuze an.**

| | ✓ | × |
|---|---|---|
| **a)** Frauen studieren keine Naturwissenschaft. | ☐ | ☐ |
| **b)** Es studieren mehr Frauen als Männer eine Naturwissenschaft. | ☐ | ☐ |
| **c)** Frauen entscheiden sich seltener als Männer für ein Studium der Maschinentechnik. | ☐ | ☐ |
| **d)** Männer entscheiden sich öfter als Frauen für ein Studium der Informatik. | ☐ | ☐ |
| **e)** Es studieren insgesamt weniger Frauen als Männer. | ☐ | ☐ |
| **f)** Rund die Hälfte der Studierenden sind Frauen. | ☐ | ☐ |
| **g)** Nur Männer können Berufe in der Maschinen- und Fahrzeugtechnik ausüben. | ☐ | ☐ |
| **h)** Männer können keine Berufe in der Pflege ausüben. | ☐ | ☐ |
| **i)** Frauen können alle Berufe ausüben. | ☐ | ☐ |

**Frauen als Chefin**

**Das Kapitel beantwortet die Frage: *Warum ist es wichtig, dass mehr Frauen Führungskräfte werden?* Suche im Kapitel die sechs Antworten auf diese Frage und schreibe sie hier auf.**

Weil … ________________________________________

Weil … ________________________________________

Weil … ________________________________________

Weil … ________________________________________

Weil … ________________________________________

Weil … ________________________________________

**Von der Förderung der Frauen zur Vielfalt**

**Ergänze den Text mit den Modalverben dürfen, können, müssen, sollen und wollen.**

Frauen ____________________ (1) als Führungskraft Familie und Beruf miteinander vereinbaren, wenn sie die Stelle als Chefin mit einer anderen Frau teilen, ihre Arbeitszeiten flexibel sind und sie bestimmte Aufgaben von zu Hause per Internet und Telefon machen ____________________ (2). Außerdem ____________________ (3) das Unternehmen den Frauen einen eigenen Kindergarten anbieten, so sind ihre Kinder während der Arbeitszeit gut versorgt und die Frauen ____________________ (4) nicht zu Hause bleiben und sich um ihre Kinder kümmern. Und ihr Männer? Wenn sie ihre Frauen als Führungskraft unterstützen ____________________ (5), dann ____________________ (6) ihr Unternehmen ihnen mehr Zeit für die Familie geben.

## Frauen in Deutschland

**1. Nachdem du nun den gesamten Text Frauen in Deutschland gelesen hast: Welche Aussage passt zum Text? Kreuze an.**

**A** Es wird immer so sein, dass Frauen und Männer nicht gleichberechtigt sind. Wir brauchen keine weiteren Maßnahmen!

**B** Wir leben im Jahr 2021. Dennoch sind Frauen und Männer nicht gleichberechtigt. Es gibt noch viel zu tun!

**C** Wir haben genug erreicht. Frauen und Männer sind gleichberechtigt. Frauen können heute alles erreichen!

**2. Wie sieht es mit der Gleichberechtigung von Frauen und Männern in deinem Land aus? Schreibe einen kurzen Text.**

______________________________

______________________________

______________________________

______________________________

______________________________

______________________________

______________________________

______________________________

______________________________

**3. Und zum Schluss: Löse das Rätsel.**

a) Angela Merkel ist für viele Frauen ein ▢▢▢▢▢▢▢

b) Eine ▢▢▢▢▢▢▢▢▢▢▢▢▢▢▢ ist die Chefin einer Stadt.

c) Der Anteil der Frauen in Berufen rund um ▢▢▢▢▢▢▢ liegt nur bei 11 Prozent.

d) Männer arbeiten weniger in Berufen rund um ▢▢▢▢▢▢ und Erziehung.

e) Ein anderes Wort für Chefin oder Chef ist ▢▢▢▢▢▢▢▢▢▢▢▢▢

f) Die Tatsache, dass Frauen weniger verdienen als Männer, nennt man ▢▢▢▢▢▢ ▢▢▢ ▢▢▢

g) Das Grundgesetz sagt in Artikel 3: Männer und Frauen haben die ▢▢▢▢▢▢▢▢ Rechte

h) Die ▢▢▢▢▢▢▢▢▢▢▢ ist der Anteil von Frauen, der festgelegt wird.

**Lösungswort:** ▢▢▢▢▢▢▢▢

## Bildquellenverzeichnis

123RF.com, Nidderau: **25** (Dennis Fechner); **49.3, 49.5, 49.1, 49.2, 49.4, 49.6, 49.7, 49.8** (Tul Chalothonrangsee); akg-images, Berlin: **6** (Imagno / Franz Hubmann); **27.1** (picture-alliance / dpa); **27.3** (picture-alliance); **10**; Bundesregierung/Andrea Bienert **16**; Bundesregierung/ Bernd Kühlert **18**; Bundesregierung/Christian Stutterheim **11, 12**; Bundesregierung/ Jesco Denzel **22, 23**; Bundesregierung/Sandra Steins **9**; Bundesregierung/Steffen Kugler **27.2**; Getty Images, München: **32** (simarik); **55** (EXTREME-PHOTOGRAPHER); **17, 48** (Firn); **56** (GrapeImages); https://corona.rki.de **44**; Imago, Berlin: **21** (Sven Simon); Kürschner Volkshandbuch Stand Januar 2021 **52**; picture-alliance, Frankfurt: **13** (Ulrich Baumgarten); **34** (dpa DB Michael Kappeler); Quelle: Ergebnis der Arbeitskräfteerhebung. **54**; Quelle: Hans-Böckler-Stiftung **65**; Shutterstock, New York: **36** (Paapaya); **39** (Ververidis Vasilis); Statistisches Bundesamt (Destatis), 2019 **58**; Statistisches Bundesamt (Destatis), 2021 / Quelle: Arbeitskräfteerhebung **54**; Statistisches Bundesamt (Destatis), 2021 / Quelle: Verdienststrukturerhebung/vierteljährliche Verdiensterhebung **57**; Statistisches Bundesamt Stand 17. September 2020 **59**; ullstein bild, Berlin: **5, 24** (Frank Ossenbrink); © Der Bundeswahlleiter, Wiesbaden **20**; © KfW 2019 Quelle: KfW-Mittelstandspanel 2018 **64**; © KfW 2021 Quelle:KfW-Mittelstandspanel **62**; © Statista 2021 **61**

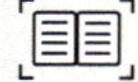